U0041224

文化的力量
REV.
★
改變全世界

# ROCKING THE WALL BRUCE SPRINGSTEEN

## THE BERLIN CONCERT THAT CHANGED THE WORLD

# 撼動柏林圍牆

### 布魯斯‧史普林斯汀改變世界的演唱會

艾瑞克‧克許朋——— 著

楊久穎——— 譯

## 搖滾推薦

小　樹　StreetVoice 音樂頻道總監／知名樂評人

何東洪　輔大心理系副教授兼主任

李明璁　台大社會系助理教授

林生祥　美濃山下歌手

阿　達　農村武裝青年樂團

張鐵志　政治與文化評論人／《號外》雜誌主編兼《彭博商業周刊》
　　　　中文版總主筆

黃孫權　高師大跨領域藝術研究所助理教授

楊友仁　東海大學社會系副教授／黑手那卡西樂隊成員

膝關節　知名影評人

蔡政忠　南國樂評人

# 導讀

搖滾的力量：一場搖滾音樂會與柏林圍牆的倒塌

　　這可能是搖滾史上最撼人的演唱會之一，因為這場搖滾演唱會展現了搖滾樂如何在關鍵的歷史時刻，賦予了準備追求改變的聽者深刻的力量與信念，從而改變了世界──讓柏林圍牆倒塌。

　　1988 年 7 月，就在柏林圍牆倒塌的十六個月之前，美國搖滾巨星布魯斯・史普林斯汀（Bruce Springsteen）來到東柏林舉辦演唱會。

這是東德有史以來最大的演唱會，至少有三十萬人參加，地點是柏林圍牆以東三英里的巨大露天體育場。因為想要進場的人太多，主辦單位只得打開柵欄，讓每個人都得以興高采烈地衝進去——這彷彿預示了十六個月之後，當柏林圍牆崩塌，人們帶著不敢相信的笑容奔向自由。

　　從第一張專輯開始，史普林斯汀的創作主軸就是探索美國作為一個許諾之地（promised land）的幻滅，以及美國夢的虛妄和現實的殘酷之間的巨大對比。他在七〇年代的作品描繪了小鎮青年的夢想與失落以及找不到出口的憤慨與焦慮，進入八〇年代，他更關注美國經濟轉型下的社會正義，歌唱工人階級日常生活中的夢想、苦悶與挫折，並且不斷質問，所謂的美國夢為何在現實中只是虛幻的泡影？尤其八〇年代是雷根主義的新自由主義時代，社會越來越不平等，經濟貪婪和軍國主義成為新的時代精神，因此史普林斯汀成為雷根時代最重要的異議者[1]。

　　1984 年的專輯《生在美國》不只讓他成為最重要的巨星，

---

1　關於史普林斯汀其人與作品的分析，請見作者文章〈史普林斯汀：許諾之地的幻滅〉，收錄於《時代的噪音：從迪倫到 U2 的抗議之聲》（張鐵志著，印刻出版社）。

甚至成為美國流行文化的一個重要象徵。

他對音樂的信念是「我對於如何利用自己的音樂，有很多宏大的想法，想要給人們一些思考的標的——關於這個世界，以及孰是孰非。」

1988 年在歐洲演出時，史普林斯汀臨時起意想去東柏林演出。

彼時的東德仍然是極權的共產主義政權，政府嚴密控制人們的表達和思想自由。長期以來，對這些共產國家而言，搖滾樂是美國帝國主義的產物，只會腐蝕年輕一代對社會主義的信仰，因此是國家的敵人。

這些來自共產政權對搖滾樂的指控只對了一半；錯的是，搖滾樂並不是和西方政權站在一起，反而更經常是批判掌權者；但這些政權的擔憂確實也對，因為搖滾樂歌唱的就是自由與反抗，而社會主義青年們當然也難以抵擋住搖滾樂對他們青春欲望的挑動。

1985 年，蘇聯新領袖戈巴契夫（Mikhail Gorbachev）上台，推動「重建」與「開放」的政治經濟改革，這不僅改變了蘇聯，也影響了東歐各地的政局。此時，共產主義多半已經淪為一副空殼，一個牆上空洞的標語。但不像波蘭和匈牙利已經開始轉

型，東德和羅馬尼亞等國卻依然堅守著共產主義陣營的最後防線，只是看到其他國家已經出現變化的苦悶青年越來越不能忍受體制的僵化和腐臭，渴望那巨大的改變之風。

當史普林斯汀試圖探詢 1988 年是否可能在東柏林舉辦演唱會時，東德共產黨的青年組織「自由德國青年團」也正好看到政權在年輕人心中已經搖搖欲墜，想要安撫年輕人，因此雙方一拍即合。這不僅是因為史普林斯汀是當時最重要的搖滾巨星，而且他是站在勞動階級這邊，並對美國的雷根政府諸多批評——史普林斯汀常翻唱伍迪・蓋瑟瑞（Woody Guthrie）的經典歌曲〈這是我的土地〉[2]，而蓋瑟瑞和美國共產黨走得很近。

在這個東柏林的夏日午後，史普林斯汀的開場曲是〈惡地〉（Badlands）：

談論著夢想，試著實現它

你在夜裡驚醒，感到如此真實的恐懼

你耗費生命，等待一個不會來臨的時刻

別浪費時間再等下去了

---

2  關於伍迪・蓋瑟瑞，請見《時代的噪音：從迪倫到 U2 的抗議之聲》中專文。

你每日在此生活的惡地

讓破碎的心站起來

那是你必須付出的代價

我們只能努力往前推進，直到被了解為止

這些惡地才會開始對我們好一點

擁有理念，深植於心的人們啊

活著並不是一件罪惡之事

我想要找一張不會看透我的臉孔

我想要找一個地方，我想對著這些惡地的臉吐一口口水


原本他歌唱的〈惡地〉是夢想破碎的美國，但這當然也是極掐死人們夢想的東德。

史普林斯汀的歌曲主題不論是許諾之地的虛妄，或是年輕人想要離開困頓的小鎮，每一首歌都可以輕易地被東柏林年輕人轉化為他們的現實。尤其，史普林斯汀原本就是最能將搖滾的真誠轉化成演出現場巨大光熱的歌手。

在演唱會中，史普林斯汀也準備講一段話告訴人們，他並非出於任何政治性的理由才來到這裡，而是來這裡為人們演唱

搖滾樂，並且說：「希望有朝一日，所有的障礙都能被拆除。」

全場激昂鼓掌。接著下首歌前奏響起：〈自由之鐘〉（*Chimes of Freedom*）──這是巴布·迪倫（Bob Dylan）關於自由的名曲，而一個月前史普林斯汀在瑞典演唱會上，就在演出這首歌前宣布他將參加國際特赦組織巡迴演唱會。

觀眾聽到了他的訊息。

這本書引述開車橫跨半個德國來聽這場演唱會的三十四歲農夫約格·貝內克說：「每個人都很清楚他說的是什麼──拆除圍牆，那是壓倒東德的最後一根稻草。我們從來沒有在東德內部聽任何人這麼說過，那是我們某些人終身企盼聽到的一刻。也有一些來自西方的其他搖滾歌手來這裡演出，然後對我們說：『哈囉，東柏林。』或是這一類的話。但是從來沒有人來到我們面前說，他希望能拆除一切的障礙。假如我們可以翻越柏林圍牆的話，一定有許多人會這麼做的。」

在 1988 年的那個夏天，沒有人會想到柏林圍牆會在一年多後崩塌。

1989 年 9 月開始，成千上萬的東德人走上街頭抗議政府，大規模群眾遊行在萊比錫、德勒斯登、馬德堡、羅斯托克和波茨坦等地出現，吶喊著：「我們是人民」（Wir sind das

Volk）。

1989 年 10 月東德總理何內克辭職。一個月後的 11 月 9 日，人們終於自由地衝過圍牆，柏林圍牆倒塌了。

東德在 1990 年 3 月舉行自由民主的選舉，並在 1990 年 10 月 3 日與西德統一。

史普林斯汀的演唱會當然不可能導致柏林圍牆的倒塌，但它無疑是通往 1989 年秋天革命的一記鐘聲，自由的鐘聲。

因為這些青年早不願活在圍牆的陰影下，深信東德不能如此繼續，而必須要有改變；看到其他東歐國家，他們也相信改變是可能的。然後，史普林斯汀來了，要他們帶著勇氣逃出這個桎梏的惡地，和被詛咒的命運。

擔任史普林斯汀翻譯的東德女士說，這是一場孕育了改革運動的神奇演唱會，「東德的氣氛在那場演唱會後就改變了。人們興高采烈地離開演唱會回家。有好幾個星期，人們都在談這場演唱會。有這位從西方，從美國來的巨星來到這裡，關切著我們的命運，他說，有一天這裡不會再有任何障礙。成為這樣的群眾的一份子之後，你會覺得自己更堅強了，我們開始不再恐懼。東德當局把史普林斯汀和其他這些西方樂團帶來，想釋放壓力。但這一切都適得其反。不但沒有釋放壓力，還讓年

輕人更深入思考自由的意義。」

　　搖滾樂迷都知道，一場美好的音樂會是魔法般的體驗，是一個集體賦權（empowerment）的過程。你會在音樂的熱力中得到感動、得到力量，並且相信你真的可以和旁邊的人一起改變什麼。

　　史普林斯汀的演唱會本身是改變中的空氣中的一個因子，它凝聚了那些渴望的聲音，並點燃了更多火花；它讓東德青年更堅信他們每天思考的問題：如何尋找自己的聲音，打破體制的虛妄，並追求真正的自由與反叛──而這正是搖滾樂的精神，及其可以改變世界的力量。


　　（本文作者著有《時代的噪音：從迪倫到U2的抗議之聲》，並即將出版《聲音與憤怒：搖滾樂可以改變世界嗎？》十週年紀念增訂版）

獻給芬、路卡斯、茱麗與史蒂文

# 目錄

# 前言

　　2002 年，柏林，一場絕讚的布魯斯・史普林斯汀演唱會結束後，我搭上計程車回家；突然之間，司機聊到另一場史普林斯汀的演出，那是 1988 年發生在共產東德的事情。他說，88年 7 月那一回，是有史以來、空前絕後最神奇的一場演出。史普林斯汀撼動了東柏林，也撼動了這整個共產國家。那場鐵幕後的演唱會，距離我和他偶遇的那個寒冷 10 月夜晚相隔十四年之久，但那位滿面于思、長髮蓬亂、體格魁武的計程車司機，卻欲罷不能，愈說愈興奮。

　　「是啊，我知道。」我說著，想閉上眼睛放鬆一下。我才剛提交給路透社一篇新聞報導，是關於史普林斯汀嚴厲譴責喬

治・布希（George W. Bush）打壓反對入侵伊拉克的國家，像是德國。「我也看過很多史普林斯汀的演唱會，通通都很棒。」

「不，不，不！」司機答道：「不，你不懂。」那場東德演唱會真的與眾不同，沒有任何事情能相提並論。現場觀眾超過三十萬人，還有數以百萬計的人收看電視轉播，整個國家都被撼動了。「那是東德發生過最神奇的事。」他愈說愈興奮，口中的大蒜味往我這邊飄過來。

對數以百萬計的嬰兒潮世代來說，史普林斯汀的音樂彷彿就是我們生命的背景音樂。四十年的歌曲與歌詞，都寄宿在我們的集體記憶中，例如〈生而奔跑〉（Born to Run）中的「那是個死亡陷阱，那是個自殺陰影，要趁年輕掙脫出來，因為像我們這種流浪漢，寶貝，生來就是要奔跑的」。還有〈惡地〉的「慶幸自己活著並非一種罪惡」。那位柏林計程車司機一發不可收拾的熱忱充滿了感染力，他讓我開始設想：史普林斯汀在共產東柏林的那場音樂會，究竟有什麼特別不同之處？

我愈加深入研究，就益發想要了解更多。舉例來說，我還想知道史普林斯汀究竟是哪來的勇氣，居然在東柏林發表反對圍牆的簡短演說，這些都非常有趣；還有，那些肆無忌憚、有史以來數量最龐大的東德演唱會聽眾，估計約超過三十萬人，

以及其他數以千計沒有買票的民眾，他們衝破了大門，湧進會場。這一切都令人好奇。

接著，我恍然大悟了。這場演唱會之所以如此特殊，是因為舉辦的日期：1988 年 7 月 19 日，距離柏林圍牆倒塌只剩不到十六個月。史普林斯汀那場演唱會，以及東德隨之而來的騷亂，以及柏林圍牆預料之外的倒塌，這之間究竟有無任何關連？1988 年 7 月 19 日的史普林斯汀，和 1989 年 11 月 9 日柏林圍牆崩落、鐵幕開啟，這兩者之間是否有直接關係？

從此以後，我便一直想著這些問題。對我來說，史普林斯汀與導致柏林圍牆崩塌的東德情緒轉移，這兩者之間一定有某種連結。我對這個想法感到興奮，於是試著想要找出史普林斯汀 1988 年前往鐵幕時，究竟發生了什麼事、當時氣氛又是如何。但對我來說，要找到四分之一個世紀前聽過那場音樂會的人，卻是一項艱鉅的任務。不過，後來這件事卻比我想像得要簡單得多，因為住在東德的每個人，在 1988 年時若剛好是個青少年，那他或她，要不就在音樂會現場，要不就在收音機或電視上收聽或收看轉播。在東德，時間彷彿停留在那一天──似乎每個人都記得這場演唱會。

我的運氣不錯，史普林斯汀在 2012 年 5 月回到柏林，展

開他的「分崩離析巡迴演唱」（Wrecking Ball），許多參加過1988 年演唱會的人也到場了，這些人就像舞台上的史普林斯汀一樣，都非常樂意談談這些回憶。我與許許多多的現場參與者交談，包括一些德國與美國的學者，詢問他們史普林斯汀那場長達四小時的表演，以及大無畏呼籲推倒圍牆一事，是否和接下來數週、數月間席捲東德的革命風潮有所關連。如果你相信史普林斯汀那史詩般的演唱會，對推倒柏林圍牆的運動具有貢獻，那取決於你對搖滾樂的力量的信仰。駐德美國大使、同時身兼史普林斯汀死忠樂迷的菲利普・墨菲（Philip Murphy），就十分確信這份革命力量。雖說 1988 年時他人不在東柏林，卻相信他那位紐澤西同鄉對東德人民的確有著一種相當可觀的力量：「我理解並喜愛史普林斯汀的音樂，所以能想像現場演唱會對那些東德聽眾、那些處於政權壓迫下亟欲改變的人們，會有什麼樣的影響。」現場成千上萬聽眾之一的約格・貝內克（Jörg Beneke）表示，史普林斯汀的演唱會對共產東德來說，就像「棺材上的一根釘子」，是倒台的序幕。

毫無疑問地，對那些亟欲、並且準備好要改變的人們，1988 年史普林斯汀的東德演唱會正是搖滾樂一份光榮無比的例證。這個特別的故事，是關於東柏林那場千載難逢的演唱會，

以及推倒柏林圍牆的反抗行動中，史普林斯汀在無意中所扮演
的角色。


　　　　　　　　　　　　　　　　　　　艾瑞克・克許朋

沒有火花，就燃不起火來

——〈在黑暗中跳舞〉（*Dancing in the Dark*）

# 導言

　　布魯斯・史普林斯汀坐在後台，準備演出可能是他一生中最大、最備受渴望的一場演唱會。那是 1988 年夏天，他正處於生涯高峰。這位三十八歲的搖滾明星被關在共產主義東柏林一個臨時的舞台更衣室裡；這地方以前是個賽馬場，如今是片廣闊的場地，短時間內便被成千上萬的東德人填滿。當年夏天，史普林斯汀正在他橫跨歐洲的「愛情隧道快車巡迴演唱」（The Love Tunnel Express）途中，並很高興能有個機會繞道進入鐵幕，在東柏林加開一場演唱會。

　　這場演唱會是在幾週前才排進夏日行程表之中的；那也是他在冷戰時期的歐洲、分裂的德國柏林、圍牆之後的唯一一

場演唱會。東德的空氣中充滿興奮之情，期待著這位西方搖滾巨星的演出，他那些關於逃脫與壓抑的歌曲，長久以來啟迪著人心。他在撰寫那些情緒激昂的搖滾抒情歌時，心中想的可能是自己的紐澤西老家，但他傳達出的希望，卻是普世皆然的。這觸動了東德人的深層神經，這個國家之前被稱為德意志民主共和國（German Democratic Republic，德文為 Deutsche Demokratische Republik，常簡稱為 GDR），以一堵密不透風的十二英尺高牆，把自己的一千七百萬人民囚禁在牆後。

1988 年 7 月 19 日，那溫暖的夏日傍晚，隨著演唱會逼近，眾人歡騰、氣氛高昂，但後台卻有點緊張。至少三十萬東德人（某些估計則宣稱有五十萬）在柏林圍牆以東三英里、那開放式的巨大露天場地中等待著。大門周圍衝撞得太厲害，因此東德主辦單位只得打開安全圍欄，讓每個人都進去，這對這個高度控制的集權主義國家來說，是一次別具意義的屈服，而對於十六個月之後即將發生的柏林圍牆事件，更是一個詭譎的伏筆。許多群眾已經處於狂喜的狀態，但他們那時還不知道，這個被世人暱稱為「老闆」[1]的男子，巡迴來到了他們這個被孤立在鐵

---

1　譯注：The Boss，為布魯斯・史普林斯汀的外號。

幕之後的國度，即將在這特別的幾小時內，帶來自由世界那遙不可及的滋味，雖然自由其實僅在幾英里之外而已。

至於史普林斯汀，他長久以來就想給東德觀眾一個機會，一睹美國搖滾演唱會的風格——四個小時、熱力不輟。1981年，他以一般旅客的身分旅行經過鐵幕到達東柏林，對共產世界匆匆一瞥、難以忘懷，自此亟欲為東德人們演出。

1988年，他終於得到在東德演出的許可，但就在表演的前一天，情勢又突然變得岌岌可危。史普林斯汀與他的經紀人抵達東柏林之後，發現東德的主辦單位為這活動安上了一個「為尼加拉瓜演唱」的標題，這是在允許美國（東方集團在冷戰期間的主要敵人）這個國家的藝人出現時，仍要推銷共產主義優先的伎倆。1980年代，不僅在東德，在世界各地，尼加拉瓜已成為左派振臂疾呼的目標，因為中央情報局（CIA）在隆納德·雷根總統任期內，協助推翻左翼思想的桑地諾（Sandinistas）政黨[2]。但史普林斯汀卻不想讓自己的名字被這樣利用。對史普林

---

2 譯注：桑地諾早期是尼加拉瓜一個左翼反政府組織，後來發展為一個社會主義政黨，並在1980年獲得政權；始終認定其為共產黨的美國，在當時反共的雷根執政下，展開許多打壓行為，包括對尼國咖啡豆的嚴格禁運，同時也指示中情局組織特遣隊訓練尼國的反桑地諾政權勢力，並提供後者軍火與財務支援；但此舉卻引起美國人大規模的抗議。

斯汀來說，尼加拉瓜音樂會的標籤，對冷戰時期的政治是一種挑釁，也暗示著對社會主義的一種忠誠。不管他對左傾派系有多少同理心，也不管他喜不喜歡雷根，對於自己的名字與政治或商業行為並列，史普林斯汀都感到相當厭惡。

這種政治行為也激怒了瓊・藍道（Jon Landau）——史普林斯汀的經紀人、顧問、傾聽者，同時也是多年好友。他完全無法接受史普林斯汀在東德為尼加拉瓜辦一場演唱會的這個點子。「這對他的名字來說是一種剝削，同時也誤解了他出現在那兒的意義。」二十五年後的今天，藍道仍因東德共產黨如此膽大包天而氣憤填膺。史普林斯汀是絕不可能在舞台上披著共產黨的宣傳外衣，為尼加拉瓜做一場公益演唱會的。

東德官方擔憂演唱會可能被取消，於是私底下迅速地把所有支持尼加拉瓜的旗幟、標語一一清除，因而避免了這場夢魘。但史普林斯汀也決定將在演唱會說幾句話，直接表明他到東柏林開演唱會的原因。就在登上舞台之際，他叫來他的翻譯喬治・葛文斯基（Georg Kerwinski），一位來自巴伐利亞、同時兼任司機的開朗男子，幫忙準備他的演講。除了藍道之外，沒有別人知道史普林斯汀打算要對東德人民開講。

在後台，葛文斯基拿到了史普林斯汀叫他翻譯成德文的

那幾句話。史普林斯汀向這位開朗的德國佬道過謝，接著很快消失在門後。他快步走向通往舞台的窄梯，在那震耳欲聾的吼聲之中，邁向他有史以來聽眾最多的舞台。東柏林的威森斯區（Weisensee district），這塊有五十個足球場之大的廣袤場地上，擠滿了微笑的面孔。

史普林斯汀咆哮唱出〈惡地〉這首歌作為開場，歌詞的內容是關於一個憤怒的人，渴望過更好的生活──這個訊息很有可能是針對東德領導者而來。氣氛馬上被炒熱了，空氣中盪漾著魔法。被指派來維持場中秩序、平日冷淡的東德軍人、警官，在如火如荼的表演中，也難掩興奮之情。但後台卻瀰漫著焦慮的情緒，因為葛文斯基開始懷疑自己剛剛到底做了些什麼──他偷偷幫助一個美國人用德文發表演說，到最後可能會給很多人帶來麻煩。

這位巴伐利亞司機對史普林斯汀有著極大的好感，但他最該效忠的對象還是他的老闆。於是，葛文斯基把這段演說的事，告訴了演唱會發起人馬叟・阿福朗（Marcel Avram）。這位西德發起人大吃一驚，馬上衝去找藍道，叫他阻止史普林斯汀在東德群眾面前說出那些話，不然大家就都完蛋了。當時演唱會已經快要進入第二個小時，藍道明白自己動作得快點。沒人確

切知道，史普林斯汀將在何時把那些話說出口。藍道揮舞著手臂，想吸引舞台上史普林斯汀的注意力，示意他從舞台中間的幾道階梯上下來，然後藍道帶著葛文斯基去見他。

史普林斯汀與藍道、葛文斯基瑟縮在舞台底下時，樂隊繼續演奏了一會兒。藍道告訴史普林斯汀，他們要稍做改變。葛文斯基用盡肺腑之力，試著一個字一個字教會史普林斯汀那些字的發音，他們幾乎聽不到彼此的聲音。但片刻之後，史普林斯汀理解了這些訊息。他臉上閃過一抹微笑，對葛文斯基比了個讚，然後爬回舞台上面去。幾分鐘之後，就在熱力四射地唱完一首〈生在美國〉（*Born in the USA*）時，史普林斯汀站回麥克風後方，看著群眾，接著發表了可能是有史以來東德境內、對自由最有力的呼籲。

這個故事，正是關於這個改變了世界的演說，以及這場搖滾演唱會。

# 5. Berliner Rocksommer
# Konzert für Nikaragua

**FDJ** · Berlin präsentiert

## BRUCE SPRINGSTEEN

HINWEIS: Der Veranstalter übernimmt keine Haftung für Sach und Körperschäden. Das Mißbringen von Pyrotechnik aller Art, Wunderkerzen. Glasbehältern und Alkohol ist untersagt. Ton- und Bildaufzeichnungen sind nicht gestattet. In angetrunkenem Zustand kein Einlaß. Bei Zuwiderhandlungen erfolgt Verweis von der Spielstätte. Den Weisungen der Ordner ist Folge zu leisten. Bei Verlassen der Spielstätte verliert die Karte ihre Gültigkeit.

**Beginn: 19.00 Uhr · Einlaß: 16.00 Uhr**

## RADRENNBAHN WEISSENSEE
### am 19. Juli 1988

### Preis: 19,95+0,05 M

▲1988 年，布魯斯·史普林斯汀在東柏林演唱會的票根。

# THE YEAR OF

I was a serious young man, you know?

— *Bruce Springsteen*

第一章

動盪不安的一年

我是個嚴肅的年輕人，你知道嗎？

── 布魯斯・史普林斯汀

1988 年夏天，布魯斯・史普林斯汀是全世界最大牌的搖滾歌星之一。當時離他最受歡迎的專輯《生在美國》發行不過四年。那張專輯使史普林斯汀與他的音樂舉世聞名，但他對這種星運卻似乎不是很能完全適應。1988 年也是他與女演員兼模特兒茱麗安・菲力浦絲（Julianne Philips）結褵滿三年。在那一年，他的家務事被掀到大眾面前，最後對他的事業以及個人都造成了截然不同的改變。年近不惑之年，史普林斯汀來到人生的另一個分水嶺。十年前，在將屆三十歲時，他對於變老這件事情似乎感到非常不自在。在那個時候，就在那具里程碑意義的三十歲生日之前，他曾提到過 1960 年代那句口號「千萬不要

相信超過三十歲的人」在他心目中的影響。如今，十年過去了，邁入中年的四十歲來臨時，史普林斯汀正在尋找新的方向，包括他的音樂，以及他自己的人生。「愛情隧道快車巡迴演唱」比起他早期的作品，有著明顯的區隔。

1988 年時，史普林斯汀和他的「E 街樂團」合作已經十六年了。1970 年代早期獲得相當成功之後，他們在 1975 年以《生而奔跑》[1] 迅速走紅國際。接著是 1978 年的《城市邊緣的黑暗》（*Darkness on the Edge of Town*），再來是使史普林斯汀與他的樂團舉世聞名的《河流》（*The River, 1980*）、《內布拉斯加》（*Nebraska, 1982*）、《生在美國》（*Born in the USA, 1984*）。史普林斯汀和他的「E 街樂團」成了這個星球上最搶手的演出組合，不論在何時何地，世界上任何一個室內場地、戶外體育場，演唱會門票都可以快速售罄。

然而，雖然聲名鵲起、享譽全球，1988 年的史普林斯汀卻極不自滿。他正處於自身的叛逆期，個人的狂飆突進運動（Sturm und Drang）[2]。1980 年代時，由於《生在美國》這張唱片以及一系列的世界巡迴演唱會，在 1984 年 6 月到 1985 年 10

---

1　譯注：國內 SONY 唱片以往代理這張專輯時，曾譯為《天生贏家》。

月間，共停留了十一個國家、一百五十六場演出，使他成了知名人物，在數十個國家擁有龐大的聽眾與追隨者。在這歷盡艱辛的十六個月裡，有五百萬人聽了史普林斯汀的現場演唱會，收入超過一億美金。《生在美國》是有史以來銷售量最佳的專輯之一，總共賣了超過兩千萬張。這張專輯的音樂更具流行與廣播導向，將他帶入世界各地的新樂迷心中，遠遠超過之前僅限於美國東岸、中西部與南部等地區的狀況。《生在美國》裡的七首歌，都曾攻上美國排行榜前十名。

然而在《生在美國》之後，史普林斯汀卻亟欲實驗。「1980年代中期，有一個時間點，我覺得我對於自己所了解的事情，已經說得夠多了，怎麼說呢……我的經驗增長了，包括我父親的經驗，我親近的家人與城鎮的經驗，」他在 1988 年一次《恍然大悟》（*Double Take*）雜誌的訪談中這麼說道：「1980 年代中期有個時期，我想把自己的音樂轉變成一種活動或行動，藉此對我所經歷的社會造成實際的影響。」他也在《愛情隧道》

---

2　譯注：狂飆突進運動名稱來自於德國劇作家克林格（Friedrich Maximilian Klinger）的戲劇《狂飆突進》，是指 1760 年代晚期到 1780 年代早期在德國文學和音樂創作領域的變革，也是文藝形式從古典主義向浪漫主義過渡時的階段。其中心代表人物是歌德和席勒，歌德的《少年維特的煩惱》是其典型代表作品。

專輯中，寫下了自己對於求新求變的欲望，在這張專輯裡收錄了〈兩張臉〉（*Two Faces*）、〈愛情隧道〉（*Tunnel of Love*）、〈聰明偽裝〉（*Brilliant Disguise*）等暢銷金曲。「1985 年以後，我已經受夠了，於是轉向內在世界，書寫男人、女人與愛情，這些之前在我的作品裡都是處於邊緣地位的。」《愛情隧道》正是一個出發點，完全跳脫他和他的「E 街樂團」在《生在美國》中所呈現的搖滾經典曲風。《愛情隧道》描繪的大多是愛情關係中的陰暗面，樂評將這張專輯稱為是對男女關係一次凝重的反思——很有可能是在反思他自己那搖搖欲墜的婚姻。最後這張專輯賣出相當可觀的五百萬張，但在錙銖必較的音樂工業裡，比起他之前的專輯來說可謂相當慘澹。

　　但史普林斯汀不以為意，並在 1988 年初展開一場世界巡迴演唱會。「愛情隧道快車巡迴演唱」把他帶到費城、匹茲堡、亞特蘭大、底特律、洛杉磯與紐約，接著在五月，他來到了歐洲。標題裡的「快車」意味著音樂會不會超過三小時，比起他往常的四小時演唱要短一些。這張專輯中包括他最歷久彌新的情歌〈聰明偽裝〉（*Brilliant Disguise*），內容是關於一個男人，對自己和妻子的忠誠皆遲疑不定，裡面有著耐人尋味的歌詞，例如「我在世上富足地行走／我想知道你是否就是我所不信任

的／因為我很確定，我根本不信任自己」。

　　史普林斯汀與樂隊的關係此時也正面臨轉變。「E 街樂團」自從 1972 年開始，就是史普林斯汀音樂整體與其成功的一部分。然而，樂團起初並未全程參與《愛情隧道》的錄音，大部分的專輯都由史普林斯汀靠著一台電子鼓與合成器獨力完成。起先，他獨自錄音，後來才邀請了少數幾位「E 街樂團」的成員來，把他們演奏的部分混音進去——包括麥斯・韋恩伯格（Max Weinberg）的鼓、洛伊・比坦（Roy Bittan）的鋼琴、還有丹尼・費迪里西（Danny Federici）的風琴。他甚至盤算著要自己一個人演出「愛情隧道快車巡迴演唱」，但最終還是打消了這個念頭。不過，1988 年這次的巡迴演唱，也是「E 街樂團」在將近十年內最後一次與史普林斯汀同台演出。他在 1988 年 10 月，也就是東柏林演唱會後幾個月內，正式解散了「E 街樂團」。對某些團員和世界各地的樂迷來說，這是一次巨大的衝擊。「E 街樂團」直到 1999 年至 2000 年的「重組巡迴演出」（Reunion Tour），才又重新聚首。

　　史普林斯汀的早期生涯，也就是在《生在美國》之前，一直堅持要在大型場館中演出，他擔心在戶外廣場表演，會削弱親密感與音樂的力量。但他每往上爬一階（從紐澤西的夜總會

到小型的室內場地，乃至大型室內場館、戶外體育場）結果都比他預期得要來得好，部分也是因為他很努力地確認每個座位的人，他們花的錢都是值得的，而科技與音響設備的進步也有很大的幫助。但商業上的成功對史普林斯汀來說，似乎始終都不是一個主要的激勵因素——創作音樂、感動人群，才是驅使他前進的力量。1988 年中的某些時候，他似乎更嚮往著早年在酒吧樂團那些純真、寂寂無名的日子。他對自己增長的財富與商業影響力，似乎也感覺矛盾。1988 年，《生在美國》發行四年後、即將邁入四十歲之際，史普林斯汀就像東德的人民一樣，已經準備好要改變了。

但史普林斯汀還有家務問題。他的婚姻已告失敗，幾個月後即將離婚。1988 年中對外公開婚姻解體的這段時間，是史普林斯汀職業生涯中少數被狗仔隊追逐私生活、刊登照片與上八卦雜誌的幾次。史普林斯汀與伴唱歌手派蒂·席法（Patti Scialfa）在那年夏天成了情侶。在那之前，公眾對史普林斯汀的私生活所知甚少，部分是因為他自己保持低調，同時也是因為直到那時為止，也沒什麼好報導的。史普林斯汀不像其他因名聲與財富惹禍上身的搖滾巨星或名人，直到 1988 年，他都是醜聞的絕緣體。史普林斯汀是個節制的男人，避免酒精與濫用

藥物，並且盡一切可能不讓日漸增長的名聲改變自己。史普林斯汀早期的偶像是貓王，從他身上可以得到許多因耽溺而消亡的警世故事，還有許多與他同時代的人也一樣。史普林斯汀也試著要保護自己的私生活——極少接受訪談，寧可讓自己的歌曲與舞台表演為自己發言。

史普林斯汀總是和其他搖滾巨星不同。他在學校裡可能毫不起眼，高中時代玩吉他的時間比念書還長，接著離開了紐澤西的海洋郡社區大學（Ocean County Community College），沒拿到學位。但他大學時期開始閱讀小說、寫詩，對學習十分飢渴。在他正式教育戛然而止後的二十年間，他成為一個思想周密、飽讀群書、遊歷四方的人，對許多議題都擁有豐富的知識，尤其是社會歷史。

「我在學校裡成績一向很差，而他們總是認為你在學校裡不夠聰明，那就是個呆子。」1980 年，史普林斯汀在某一次亞歷桑納州坦普（Tempe）演唱會中間的一次簡短演說裡說道——那是隆納德・雷根當選總統的前一夜。「直到 1960 年代初期我開始聽收音機以前，我總覺得我沒有真正學到什麼東西，或學到對我來說很重要的事物。」史普林斯汀說，他從音樂裡學到的，比從學校裡學到的要來得多很多。「他們總是跟你的

腦袋交談，卻始終不知道該如何和你的心交談，不是嗎？」稍後，在那場音樂會裡，史普林斯汀首次在公開場合對政治發表評論，說雷根當選真令人恐懼。

史普林斯汀身高五呎九吋，三十八歲在東柏林演出的時候，仍保持著與十八歲時一樣的腰圍。1988 年時，他或許不像後來的職業生涯中談到那麼多政治性的話題，但當時卻已經踏上了當一名直言不諱的行動藝術家之路，在演唱會上的歌曲之間，對聽眾反芻某些社會與政治議題。到了 1980 年代末期，隨著他那無需辯解的左派政治傾向，他成為眾所週知為「小人物」發聲的角色。「愛情隧道快車巡迴演唱」8 月於巴塞隆納落幕之後，也就是東柏林演出後的第六站，史普林斯汀加入了國際特赦組織舉辦的「現在就要人權！」（Human Rights Now!）巡迴演出，這部分也是為了慶祝「世界人權宣言」（Universal Declaration of Human Rights）[3] 四十週年紀念。

---

3　譯注：1948 年 12 月 10 日，聯合國大會通過並頒布《世界人權宣言》。第二次世界大戰之後，創立了聯合國，國際社會矢志決不允許再發生那次戰爭中的種種暴行。世界各國領袖決定為《聯合國憲章》加上一個路線圖，保障每一個人的權利，於是發表此宣言。

　　1988 年，從塔拉赫西（Tallahassee）[4]、東京、東盧瑟福（East Rutherford）[5] 乃至東柏林，都受到了史普林斯汀音樂的鼓舞。一切正在改變。史普林斯汀因為《生在美國》成了百萬富豪，但他仍樂於將自己視為一個平凡的吟遊詩人、以藍領階級與勞動階級的眼光來看世界。然而一直以來，他認為他在做一件重要的事，比起僅是創作、表演音樂要來得更為重要，那就是他努力使自己的音樂更有意義。多年後，在 1996 年老牌同志雜誌《提倡者》（*The Advocate*）那場著名的訪談中，他回憶著自己音樂背後的那股力量——例如，那股足以搖動、震撼共產東德年輕一代的強大力量。「我是個嚴肅的年輕人，你知道嗎？」史普林斯汀說道：「我對搖滾樂的想法是非常嚴肅的。當然，它也是一場馬戲、玩樂和舞會，是這一切的綜合體；但還是一個很嚴肅的東西。我相信應該要把它用在某些嚴肅的事情上頭。它有一種力量，它有一種聲音。我去他的仍然相信這些。真

---

4　譯注：佛羅里達州首府。
5　譯注：位於美國紐澤西州博根郡的一個小鎮，在紐約近郊。

的。」

在巡迴途中，史普林斯汀是個熱情的觀察家，尤其是在歐洲。他吸收了不同的文化與語言，竭盡心力學習一些道地的格言諺語，以便在演唱會歌曲之間穿插的演講裡突然對著聽眾迸出幾句法語、西班牙語或德語來。史普林斯汀常說，他有一種欲望，希望無論何種年齡、收入、種族、宗教或國籍的人，都能與搖滾樂產生關連。在 1988 年《恍然大悟》雜誌的訪談中，他說：「我對於如何利用自己的音樂，有很多遠大的想法，想要給人們一些思考的標的──關於這個世界，以及孰是孰非。」2002 年在 ABC 電視網，一場與特德・柯佩爾（Ted Koppel）罕見冗長的電視訪談中，史普林斯汀稍稍打開心胸，談到他想要改變的欲望──他心中想到的可能就是 1988 年在東柏林的那場音樂會。「我想要做一些能發揮影響力的作品，並與這個時代的意義、以及我認為重要的事物有關連，且能闡述這些意義。」史普林斯汀說。

1984 年《生在美國》熱潮臻於高峰，飆升的人氣使史普林斯汀成了舉世皆知的名人，這段經過可以用 1984 年 6 月 12 日 CBS 夜間新聞本哈德・郭德堡（Bernhard Goldberg）所播報、一則極出色的四分鐘全國新聞做總結：「史普林斯汀唱的是關

於美國人的歌曲，困在破落小鎮、幾乎要窒息的藍領階級美國人。他的歌談的是勞動階級，絕望的人們，美國夢懸於一線。他的歌或許說的是幻滅，但其中的能量卻對你傳達出希望的訊息。布魯斯・史普林斯汀就是美國夢──他出身於紐澤西的藍領階級，他的父親是公車司機，經常失業。他所傳達的訊息就是：努力就能成功。」

郭德堡很了解這個主題，也明白史普林斯汀的精髓所在。「他唱出了美國自由與無權者之間的矛盾，唱出了仍在做夢的青少年，以及知道事情終將如何結束的成年人……他接觸歌迷，歌迷也接觸著他。」郭德堡如此總結。他拿出一段影片，上面呈現一群狂熱的女人，奔跳竄過保全人員拉起的界線，衝到舞台上擁抱史普林斯汀；他對這些女性仰慕者的猛烈攻勢卻毫不在意，然後背朝下掉進一大群狂喜的女人之中並消失無蹤，最後臉上還掛著笑容。

史普林斯汀想要用他的音樂成就些什麼？1984 年，在另一次 MTV 音樂台的訪談上，他被這樣直接問道。他的回答很簡單，也很值得一記：「其實，唯一的訊息就是，不要小覷你自己，懂了吧？」1988 年在東德，那個年輕而焦躁不安的世代，所得到的訊息也正是如此。

　　史普林斯汀在 1988 年的私人生活雖有所改變，卻仍對「愛情隧道快車巡迴演唱」全力以赴，獻給觀眾一份值回票價（依他的說法，那都是些辛苦錢）的表演。然而對於那些在 1980 年代追隨史普林斯汀各場巡迴演唱的聽眾來說，1988 年 2 月 28 日在麻薩諸塞州伍瑟斯特（Worcester）所展開的這場「愛情隧道快車巡迴演唱」，卻是很不一樣的。正如史普林斯汀的傳記作者戴夫・馬許（Dave Marsh）[6] 在《布魯斯・史普林斯汀：兩顆心》（*Bruce Springsteen: Two Hearts : The Definitive Biography, 1972-2003*）中所提到的，史普林斯汀「生在美國」巡迴演唱期間，似乎很樂於擺脫把整個體育場塞爆的混亂群眾。

　　「愛情隧道快車巡迴演唱」的第一部分，於 1988 年 2 月到 5 月間在美國舉行，他再次在小型的室內場地中演出。馬許說，史普林斯汀「在大眾與更為個人化的訴求之間，建立起各式各樣『更藝術』的創意振盪，這種平衡是其他超級巨星所不能及的。這對影像和意念傳達來說都很重要，但這對唱片行卻毫無

幫助，他們要的只是銷售量。」馬許認為，史普林斯汀的「愛情隧道快車巡演」對 1988 年時他所身處的明星製造機制來說，是令人失望的。但史普林斯汀似乎並不在乎這一點。「他沒有因此而回到戶外體育場，而是退到十年前讓他崛起的室內場地中，」馬許觀察到：「但至少在一開始的時候，這場巡迴演出以驚人的方式，和之前 E 街樂團的盛大表演做出了區隔；表演長度短了些，許多演唱會的必備歌曲，例如〈惡地〉、〈雷霆路〉（*Thunder Road*）、〈應許之地〉（*The Promised Land*）也被捨棄了……這是一場偉大的表演，因為它挑戰了史普林斯汀歌迷的看法與期待——不僅是那些因『生在美國』才首次接觸到他的一般聽眾……過了不久，演唱會又回到四小時長。」

　　1988 年夏天，史普林斯汀回到歐洲，在那裡他總是受到熱切的歡迎。6 月 13 日從都靈開始，他又開始在大型室外體育場演出，接著旅行到羅馬、巴黎、伯明罕、倫敦、鹿特丹、斯德

---

6　譯注：1950 年出生的戴夫・馬許為美國知名搖滾樂評人，曾擔任《Creem》雜誌編輯，為《滾石》、《村聲》等知名雜誌撰稿，並為「搖滾名人堂」評選委員之一。1979 年為史普林斯汀所寫的傳記《生而奔跑：布魯斯・史普林斯汀的故事》（*Born to Run: The Bruce Springsteen Story*），是他第一本正式著作，後來他又在 1987 年出版續集《光輝歲月：八〇年代的布魯斯・史普林斯汀》（*Glory Days: Bruce Springsteen in the 1980s*），此處提到的書，是 2003 年將上述兩本書合而為一、並增添章節而成的作品。

哥爾摩、都柏林、雪菲爾德、法蘭克福、巴塞爾（瑞士）與慕尼黑，最後才在名單上加入了東柏林。在「愛情隧道快車巡迴演唱」中，史普林斯汀演唱了新專輯中的歌曲，也唱了許多早期的暢銷曲，在歐洲那漫長的夏日白晝時光將盡時展開演唱，一直持續三、四個小時，直到黑暗籠罩大地為止。

在「愛情隧道快車巡迴演唱」期間，史普林斯汀無法讓社會大眾完全不去注意他私生活中的動盪不安。他妻子的公關代表在六月宣布了兩人的仳離。史普林斯汀當時對此甚少發言，但後來在 1997 年《紐約時報雜誌》（*The New York Times Magazine*）的一場訪談中，他回憶了自己與茱麗安・菲力浦絲的婚姻。他說他們只是因成長而分開。「我們兩個很不相同，我也理解到自己不知該如何表現出已婚者的樣子。」史普林斯汀表示。

然而在 1988 年 7 月和 8 月，歐洲各地的小報卻紛紛刊出史普林斯汀與派蒂・席法在一起的照片。1984 年，史普林斯汀覺得樂團變得愈來愈像個「男孩俱樂部」，因此她便以合音歌手的身分加入樂團。她和史普林斯汀一樣來自紐澤西，家裡離他在費瑞何（Freehold）的家鄉只有幾英里遠。「愛情隧道快車巡迴演唱」來到東柏林的時候，兩人正打得十分火熱，無論台上

台下都一樣。就在東柏林演唱會過後六週的 8 月 30 日，史普林斯汀和菲力浦絲便申請離婚，布魯斯準備好了要展開生活中新的一頁。

▶▶後頁圖片：從西柏林一側看到的部分柏林圍牆。

D Rotfront ver
...mother Bre...

PDR. Der Doofe Rest        CDU =
Ost..rlin ist unter F..hrung    Warum
der S..chsen               Die hob

Kreuzberg, 1989

DER FLIEGE

TEPPICH IN

ecke

K in The Wal

ub Deutsher Unternehmer    De

ternehmer unterstützen 2    wä

genug Geld !

HE HAD A

Baby this town rips the bones from your back
It's a death trap, it's a suicide rap
We gotta get out while we're young
'cause tramps like us, baby we were born to run

— *Born to Run*

第二章

他有一個夢

寶貝，這個小鎮從背後撕裂著你的脊骨
這是個死亡陷阱，自殺之歌
一定得趁年輕快點逃離
因為像我們這種流浪者，生來就是要奔跑

──〈生而奔跑〉

1988 年，就在史普林斯汀的人生正經歷一段動盪期之際，許多暗潮洶湧的改變也正在歐洲各地發生。冷戰快速發展，到了一種出乎意料、無法預期的狀態。二次大戰以降，美國領導的西方國家與蘇聯領導的東歐國家，兩者間冷若冰霜的對峙狀態，在一年半之後逐漸有了改變。波蘭、匈牙利、東歐在 1989 年發生激烈的抗議，為歐洲革命性的改變注入動力。這首先導致了東德強硬共產獨裁政權的崩潰，推翻柏林圍牆的呼聲也達到了最高峰。這自二次世界大戰結束以來最強大的起義，席捲了東歐其他地區，快速地擊潰了一個接一個的共產主義政權。

　　但在 1988 年中，當史普林斯汀與他的樂團開心地隨著「愛

情隧道快車巡迴演唱」旅行在這塊大陸西半部之際，歐洲仍冷酷地分為共產陣營以及資本主義西方世界。「愛情隧道快車巡迴演唱」在 1988 年 1 月 6 日宣布六十六個巡迴站時，東柏林的那場音樂會是不在行程表上的，共產東歐也沒有任何一場表演。至於那年夏天在西歐的巡迴演唱，則一共安排了二十五場表演，從 6 月 11 日在義大利都靈開始，最後於 8 月 3 日的西班牙巴塞隆納結束，中間經過法國、英國、荷蘭、瑞典、愛爾蘭、瑞士、西德、丹麥、挪威等地。

　　就在這兩個月的巡迴演出期間，史普林斯汀宣布他會在 7 月 3 日於斯德哥爾摩停一站，因為他已簽署加入國際特赦組織的「現在就要人權！」（Human Rights Now!）巡迴活動──這個活動是一系列的公益演唱會，該年稍後還會有史汀（Sting）、彼得‧蓋布瑞爾（Peter Gabriel）、崔西‧查普曼（Tracy Chapman）等歌手加入演出。那是一場歷時六週、有二十站的巡迴演唱，用來慶祝聯合國人權宣言發布的四十週年紀念，並喚起人們對人權的重視。

　　對於用音樂喚起人們的覺醒，史普林斯汀可說是箇中老手。1985 年「四海一家」（We Are the World）為非洲饑荒賑災的慈善演唱，他也參與其中。在那之前，他也一直都是美國越戰

受難者基金會（Vietnam Veterans of America Foundation）極具影響力的支持者，也參加過 1979 年反核的「音樂家聯合支持安全能源」（Musicians United for Safe Energy，簡稱 MUSE）音樂會。1988 年，就在他申請參加人權巡迴演唱的同時，史普林斯汀也正想著，那年夏天若在東柏林開演唱會，會帶來什麼後果。畢竟，在東柏林演出，是史普林斯汀多年來的心願。所以，史普林斯汀找來了他的經紀人瓊・藍道；他是個頭髮日漸稀薄、戴眼鏡的男人，比史普林斯汀年長兩歲，同時身兼搖滾樂評、經紀人、以及極為出色的製作人。他從 1975 年開始，就為史普林斯汀解決疑難雜症；1974 年，藍道在一家小俱樂部目睹史普林斯汀的演出後，便在波士頓一份名為《真實報》（*The Real Paper*）的另類週報中，寫下了可能是有史以來最著名的一篇搖滾樂評，他在那裡說道：「我看到了搖滾樂的未來，它的名字就叫布魯斯・史普林斯汀。」藍道當時也為《滾石》雜誌撰寫樂評。起初，他只是協力製作史普林斯汀的專輯，稍後也開始擔任他的經紀人。一般公認他對史普林斯汀有很深遠的影響──不論是在知性方面或藝術方面，而這兩者又往往密不可分。約莫十年前，史普林斯汀曾經給過藍道一次機會，讓他在一系列演唱會裡列席，滿足他加入搖滾樂團的終身夢想。藍道

於 2011 年因為動手術切除腦部腫瘤而失去一眼的視力。在那之後，有一陣子，史普林斯汀每天都要花一些時間與藍道相處。

藍道清楚記得史普林斯汀長久以來對於前往東柏林表演的興趣。「布魯斯來找我，問道：『有沒有機會到東柏林辦一場表演？』我對他說我會看看。於是我們接洽了平日的西德承辦人馬叟‧阿佛朗（Marcel Avram），問他有沒有在東德辦過活動。他辦過，於是他處理了一切的事務。那是個多事的夏天，隨著 1948 年人權宣言紀念，我們把這些議題都放在心上。談到那年接下來的國際特赦組織巡迴演唱後，布魯斯覺得，那就是做這件事的時機了。最重要的就是，在那個時候，我們想要在東柏林演唱。布魯斯真的很想去東柏林。」

去過斯德哥爾摩後的一週，史普林斯汀於 7 月 12 日在法蘭克福演出，接著又在 7 月 14 日去了瑞士巴塞爾；他接下來在 7 月 22 日的西德演唱會前，可以休息五天。藍道記得，那時有一段空檔。這次，東德的回應卻出乎意料地正面，正如史普林斯汀稍後在演唱會中途空檔接受東德 DDR2 電視台的訪問所言：「我們打了電話，馬上就得到回應，令我們非常興奮，」史普林斯汀說道：「聽起來彷彿就在說：好啊，就來吧！」

★　　★　　★

　　史普林斯汀想在東柏林辦演唱會的野心，可以追溯到 1981
年，當時他以一般觀光客的身分，持單日簽證跨越柏林圍牆進
入東柏林。他和許多越過鐵幕進入東柏林的美國人一樣，被這
半個共產政權統治的城市，以及在柏林圍牆後生活的人們迷住
了；這座圍牆從 1961 年起，便將這個當時在政治上已然分裂的
城市實際分割成兩半。1981 年時，如果可能的話，他會在東柏
林辦演唱會。但在 1980 年代左右，冷戰寒意極深，東柏林官方
壓根不可能准許一個西方的搖滾明星在他們的領土上演出。然
而經過七年，在 1988 年中，東歐許多國家的風向卻轉變了。對
西方搖滾樂的輕蔑、禁止西方藝人演出的狀況等等都在改變，
這要感謝「開放」與「重建」政策[1]──這是在 1985 年由蘇聯
新領袖米哈伊爾・戈巴契夫所倡導的經濟與政府改革。東德的
態度也因而有所轉變，部分是因為共產領袖開始了解到，年輕
的一代愈來愈唾棄共產主義系統，並且以驚人的速度背離社會

1　譯注：開放（glasnost）與重建（perestroika）政策是蘇聯在 1980 年代，由戈巴契夫主導
　　的政治運動；目的在對西方開放、重整蘇維埃聯盟與其經濟體系，後來被認為是導致蘇聯
　　瓦解，以及 1989 年東歐革命的主因之一。

主義的理想。

在戈巴契夫劃時代的改革之前，蘇聯在東歐的衛星國家是由莫斯科所控制的——這個政策始於 1968 年，被稱為布里茲涅夫主義（Brezhnev Doctrine）[2]，是根據 1982 年過世的蘇聯前領袖列昂尼德·布里茲涅夫（Leonid Brezhnev）所命名的。該政策的潛在觀念就是，如果一個社會主義國家想朝資本主義發展，那就等於是對所有社會主義國家提出一個共同的難題。這個理由被用來合理化 1968 年蘇聯對捷克斯洛伐克一場短暫解放運動的鎮壓，當時蘇聯將坦克開進市區把運動壓下。這些反抗運動就像 1950 年代波羅的海地區、1953 年東德、1956 年匈牙利的那些活動一樣短暫，以相同的理由迅速遭到粉碎。就在史普林斯汀於東柏林演唱一年之後，布里茲涅夫主義卻被滑稽的「辛納屈主義」（Sinatra Doctrine）取代了——這個典故是 1989 年時蘇維埃某個外交部官員杜撰出來的，扭曲了法蘭克·辛納屈（Frank Sinatra）那首歌〈我的方式〉（*My Way*），意指每個國家都按照自己的方式各行其事。當時蘇聯似乎放手讓這些東

---

2 譯注：指 1968 年，蘇聯、波蘭、匈牙利、保加利亞及東德五國軍隊干涉捷克內政後，蘇共總書記布里茲涅夫所宣布的有限主權論。

方的盟國決定自己的命運，戈巴契夫的改革，對東德鐵腕統治者埃里希・昂納克（Erich Honecker）的控制造成了威脅，使昂納克感到相當氣餒。

1988 年昂納克時年七十五歲，是個矮小嚴肅、滿頭灰髮、聲音高亢尖銳的男人。他被一般東德人所揚棄，身影益發孤單。昂納克於 1912 年生於德國東南方的沙蘭（Saarland）郡，二十八歲加入共產黨。1935 年，納粹短暫執政後，他被蓋世太保（Gestapo）逮捕，在柏林獄中待了十年，直到二次大戰末期蘇聯紅軍才釋放了他。他和瓦爾特・烏布利希（Walter Ulbricht）[3] 同為德意志民主共和國的創始者，同時也負責一個名為「自由德國青年團」（Freie Deutsche Jugend，通常簡稱 FDJ）的共產黨青年組織。昂納克於 1961 年監督柏林圍牆興建後，地位逐漸上升。他在 1971 年當上德國統一社會黨（Sozialistische Einheitspartei Deutschlands，簡稱 SED，英文為 Socialist Unity Party）的主席，這個政黨更為人知的名稱是東德共產黨（East German Communist Party）；接著他統治了這個國家長達二十年之久。對於戈巴契夫的改革，他始終頑強批判，

---

3　譯注：瓦爾特・烏布利希，德國共產政治家。他亦是首位東德領導人。

並警告這些改革將會摧毀蘇維埃東聯的社會主義統一性。

　　1980 年代末期，在昂納克的領導下，東德連同羅馬尼亞和古巴等國，堅守著共產主義最後一道堅固領土的防線。它不像波蘭、匈牙利、捷克斯洛伐克等其他國家一樣，在「開放」與「重建」改革下逐漸拉開鐵幕；東德政府始終抵抗著這些改變。東德的邊界警衛對想要逃出國家前往西方的人民，仍然開槍殺無赦。東德的安全體制仍緊密而有效地運作著，壓制任何反對的政治運動。東德苦悶的年輕一代對這種呆滯的狀態愈來愈不能忍受。1988 年夏天時，許多年輕的東德人已經準備好要改變。他們滿心豔羨地看著戈巴契夫發動的改革，席捲著其他社會主義東歐國家，但在自己的身邊卻是滯礙難行。

　　1981 年，史普林斯汀私下悄悄以觀光客身分造訪東柏林時，當時正是冷戰的黑暗時期，也是雷根被選為第四十任美國總統的幾個月前。那也正是戈巴契夫在蘇聯掌權、引進「開放」與「重建」政策的四年前。

　　1981 年也正逢《生在美國》專輯以及接下來讓史普林斯汀

變成全球知名人物的巡迴演唱之前，當時他正展開巡迴全西歐的「大河之旅」（The River Tour）中第一次完整的演唱會。在那三個月的歐洲「大河之旅」間，一共排了三十四場演唱會。第一場是 4 月 7 日在漢堡舉辦的，結果造成難以置信的轟動；稍微冷淡的開場過後，這些平常內斂的德國北方人竟從座位上跳起來，跟著他的音樂跳舞。史普林斯汀接著從漢堡旅行跨越約一百八十英里的共產東德，來到資本主義的孤島西柏林，準備隔天晚上（也就是 4 月 8 日）在國際會議中心（International Congress Center，簡稱 ICC）的一場演唱會。那是個溫和的春天星期三，下午的溫度上升到華氏五十度左右。國際會議中心是一個有五千個座位的室內場地，位於一棟摩登、銀色金屬的建築物裡，當地人常笑它與其像一座音樂廳，不如說是一艘太空船。會議中心位於市中心五英里外、一座可鳥瞰西柏林的小山丘上，兩年前（也就是 1979 年）才剛開幕。那是史普林斯汀在西柏林的第一次演出。

他和他的「E 街樂團」在下一場於 4 月 11 日星期六瑞士蘇黎士的演出之前，有三天空檔。他們故意在歐洲各地巡迴演出間安排許多空檔，讓大家有機會可以觀光、與人交談、並對歐洲有更深入的了解。「大河之旅」對史普林斯汀來說，是一場

大開眼界之旅，讓這個來自紐澤西的三十一歲小子得到許多對世界的新鮮觀點，以及從歐洲人的眼光來看美國。

雷根時代，在歐洲旅行的美國人，常遇到當地人質問一些關於美國政治的尖銳問題。通常沒多久，歐洲人就會開始砲轟美國人的那些潘興 II（Pershing II）導彈、布署在西德的中程核子導彈，它們都指向東歐國家；而蘇聯布署在東德的 SS-20 導彈則瞄準了相反的方向。美國人通常會發現，比起美國人自己來說，西德與東德人都很想更加了解美國，以及美國複雜的外交政策。史普林斯汀和他的樂隊應該也有過類似的經驗。西柏林演唱會隔天，史普林斯汀如其他數百名西方遊客一樣，跨過了圍牆，來到另一邊的東柏林。

史普林斯汀在 1981 年所看到的東柏林，是片慘澹之地——這個在「黃金二〇年代」乃至二次世界大戰期間，曾是德國最大、最有活力的城市，如今只剩一片荒蕪灰濛的殘跡。柏林在戰時慘遭美國與英國的炸彈空襲。戰末的蘇維埃砲火攻擊以及激烈的街戰，讓這個首都城市的許多地區變成一堆堆瓦礫。相較於東柏林（阮囊羞澀的東德共產黨總是有其他優先的事項），西柏林是個擁有兩百萬人口脈動的城市，燈火通明、街道喧囂。那是一座被共產東德所圍繞、卻多采多姿的西方民主風格島嶼，

扮演著十分著名的自由前哨角色，同時也成為間諜與媒體的樞紐站，對東歐進行操作與廣播放送。對西方國家和西德政府而言，把西柏林復原成一座閃閃發亮的資本主義櫥窗、有著奢華旅館、物資充裕的商店、時尚的酒吧和餐廳，在政治上都是很重要的——西德的納稅人，每年都要花上好幾十億，讓這座城市浮在檯面上。

世界上或許沒有其他地方，能比柏林更讓人感受到最直接的冷戰遺禍，並對這兩種敵對體系有如此的震撼。由柏林圍牆所隔開來、在共產主義世界與資本主義世界之間這些令人驚訝的差異，不論有形或無形，都是西柏林日常生活的一部分，它的自由來自於一萬名武裝士兵的精心保護——這些士兵來自美國、英國與法國。冷戰期間，西柏林不斷恐懼著會被蘇維埃與華沙條約組織（Warsaw Pact）的軍隊攻下，他們有三十萬名備戰軍隊，就駐守在柏林邊界上。隨後，許多西柏林人離開了此地，卻有來自西德的許多學生、藝術家、逃兵和擅自占屋的人，以及土耳其移民住進了他們的房子。

直到 1961 年 8 月 13 日午夜時分圍牆被築起前，東柏林與西柏林雖然在政治上分開、也被分為兩個世界，但在地理上仍屬同一個城市。這兩個世界裡的人仍有同樣的傳統、語言和文

化。甚至有很多是親戚——兄弟、姊妹、姑姨、叔舅、姪子表親、祖孫、姻親，或各種遠親。1961 年，他們突然被這道牆分開，直到 1963 年西柏林人才獲准再次訪視他們在東柏林的親戚。東德政府在西柏林四周建造了牆壁以防止人才外流，因為東柏林數以千百計最優秀、最聰明的人才，都奔向西方尋求更高的薪水以及更多的自由。然而，東德的官方說法卻將圍牆說成是「反法西斯的保護屏障」。有些在西方的人的確認可它作為東西方壁壘的真實功能。圍牆造好時，即使美國總統約翰・甘迺迪（John F. Kennedy）也認為，不管柏林圍牆有多麼醜陋，它也緩解了東柏林的緊張。他說：「一座牆總比一場戰爭要好得多。」甚至圍牆建造的兩個星期前，甘迺迪的顧問兼阿肯薩斯州參議員威廉・富布萊特（William Fulbright）在一場電視訪談中曾強力質疑，為何東德至今還不造一座牆。當時的英國首相哈洛德・麥克米倫（Harold Macmillan）也同意這完全合法，可以阻止難民流竄。

在共黨統治下，東柏林逐漸變成一個蕭條、瀰漫著恐怖的地方，尤其是在 1961 年的分割之後。東德國家安全部（Ministerium für Staatssicherheit，又稱「史塔西」，Stasi）對一百三十萬東柏林民眾以及一千七百萬東德人民嚴加控制。

▲東柏林歌迷舉著自己手工製作的美國國旗。

作為社會主義國家的德意志民主共和國根據平等主義的社會原則，於1949年成立，大多數成員是共黨的納粹反抗人士，他們將這種新狀態視為對第三帝國（Third Reich）[4]的正義解答——這並不令人驚訝，因為德意志民主共和國在聯軍於二次大戰勝利後，曾被蘇俄占據，並持續與德國分隔開來，它只是蘇聯的一個傀儡國家。

理論上，德意志民主共和國應該是勞動階級的天堂，生產集中於政府經營的國有工廠，並有大量生活基本必需品的補助。沒有人會失業，因為每個人都有責任貢獻生產力，不要當「社會的殘渣」。東柏林就像萊比錫（Leipzig）或德勒斯登（Dresden）一樣，物價毫無理由地極為低廉，食物價格便宜、地鐵票只要幾分錢、租屋均為公營且非常便宜。德意志民主共和國的薪資差距也很小，大部分的人，不分男女，月薪平均皆為東德幣一千三百馬克左右，當時約等於六百五十美元。東德政府讓東馬克維持著與西馬克（幣值約為美元的一半）相同的

---

4  譯注：納粹德國是指於1933年至1945年期間由希特勒和其所領導的納粹黨所統治的德國。納粹德國有兩個官方國名，分別為1933年至1939年使用的第三帝國和1939年至1945年的大德意志帝國。「第三帝國」一詞指的是繼承了中世紀的神聖羅馬帝國「第一帝國」與近代的德意志帝國「第二帝國」的德國。

水準，但西方黑市中的東馬克匯率約是一比四，東馬克的價值非常低。雖說基本需求均有大量補助，但官方認定為奢侈品的東西也極難購得，所以很少人提到錢的問題，大多數人也都能維持基本的生活水準。東德有條著名的地下口號，很適切地描述了這種體系與其中的缺乏效率：「你假裝付錢給我們，那我們就假裝有在工作。」

　　正如其他共產主義國家一樣，事情並不能盡如人意。為了防止任何對權力封鎖的挑戰或阻撓，東德的集權主義政權對人民生活的各個層面均嚴加控制，也對任何疑似會成為國家敵人的人嚴加監視，對任何異見都會快速採取行動壓制，成千上萬的人因被捏造的罪名而鋃鐺入獄。基本的自由，例如旅行、集會、媒體自由、言論自由等，都蕩然無存。東德也沒有自由選舉，共產主義的德國統一社會黨絕不容許政治上有任何反對的聲浪。

　　這個國家同時對媒體進行全面的控制，東德的教育體系也充斥著反西方、尤其是反美國的宣傳。東德當局擔憂反共產主義的叛亂，甚至對攝影器材與電話都有著嚴格的控制，以免反抗行為從底層蔓延開來。這個國家想控制人們能說的話，以及他們能去的地方。對大多數東德人來說，旅行只能在東歐陣營

國家裡進行，只有極少數經過嚴格挑選的菁英運動員、科學家或貿易商，才能夠到西方旅行。

德意志民主共和國這種天羅地網般的社會網絡，當然必須付出其他的代價。在國家（而非市場）控制著要生產或進口多少鞋子、烤麵包機或牙刷的狀況下，幾乎所有物資都相當短缺，例如汽車、彩色電視、卡帶錄音機等「奢侈品」則是貴到無法無天。同時東德人也必須忍受許多熱門商品的長期短缺，例如香蕉或咖啡豆，因為國家不願、或無能挪出供不應求的可兌換貨幣 5，來進口熱帶水果或奢侈品。

東柏林的街道空蕩無車，偶爾匍匐前進的車輛也都很小、散發著臭味，車主還必須等上好幾年才買得到。東德道路上那些樸實無華的特拉班（Trabant）與華特堡（Wartburg）6 汽車，是用 1950 年代的技術製造的，也沒人花心思去改進早期狹窄又不舒服的設計。它們的二行程引擎完全不夠力，應該不會是那種能引發史普林斯汀寫歌靈感的車款。

---

5　譯注：自由兌換貨幣（Convertible Currency）是指當一種貨幣的持有人能把該種貨幣兌換為任何其他國家貨幣而不受限制，則這種貨幣就被稱為可自由兌換貨幣。
6　譯注：均為東德汽車品牌，其中特拉班尤為東德國民車，以塑膠製作車身，價格低廉；相對華特堡產量便較為稀少而昂貴。目前均已不存在。

東柏林也屏除了明亮的燈光以及廣告，除了那些鮮紅色、無所不在的共黨戰鬥口號，例如「德意志民主共和國──和平救世主」（DDR–Retter des Friedens）、「社會主義終將戰勝」（Der Sozialismus siegt）等。觀光巴士上的西方旅客，在跨越邊界回到西柏林時，都會不由自主地鼓起掌來，彷彿經歷了一次瞬間降臨的自由，遠離東柏林那充滿壓抑、恐懼的沉悶氣氛。東西柏林的邊界，成為西柏林提供給西方旅客一件帶有惡意的道具，讓他們可以爬到圍牆特地設立的平台上，眺望這道從1961年到1989年分割這座城市的障礙。

這些旅客會看到一條灰色、死氣沉沉的「死亡帶」在下面，有幾十碼寬、數百碼長，沿著城市的心臟地帶而行。遊客往往可以看到東德的邊界警衛，站在位於東柏林側牆上警戒塔中，惡狠狠地透過望遠鏡回盯著他們。這是一種令人不寒而慄的對峙，純粹的冷戰戲碼。分隔牆和東柏林警戒塔之間的「死亡帶」，則是充滿探照燈的無人地帶，充滿沙坑和吉普車的巡邏通道，若有人試圖從這裡逃跑，很容易就會被發現，而且，如果他們沒有停下腳步的話，也很容易被射中。

1961到1989年間，有超過十萬名東德人企圖攀越、鑽過柏林圍牆，或是越過東德與西德的邊界。有些人從靠近圍牆旁

的高樓窗戶跳下去，後來這些建築物就被拆掉，圍牆也加以強化，有些人則是爬上鐵絲刺網，游過河流，甚至從下水道爬過去，他們都是為了追求自由。有些人會挖地道，有些人則自製熱氣球或超輕型飛機，想要在黑夜的掩護下飛越圍牆。想要跨越圍牆或東德的人，有超過千人遭殺害。在柏林，因企圖逃亡而遭殺害的人，共有一百三十六名。

在東德那奇特的司法定義中，僅僅是企圖想逃離東德的行為，就是有罪的。約有三千兩百人因「逃離共和國」（Republikflucht）的罪名，遭到逮捕並入獄。史學家統計，在圍牆將城市分為兩半的二十八年間，約有五千人成功越過、鑽過或穿過了柏林圍牆，來到西柏林尋求自由。

雖然柏林圍牆在東側滴水不漏，但在 1963 年後，擁有特殊護照的西方人，卻可以從另一邊進入東方。來自西方的觀光者與旅客，經過十四道緊密嚴防的「檢查站」（也就是這道分隔東西柏林、長達一百英里圍牆上的一些通道）之後，便可以跨越圍牆進入東柏林。其中最著名的檢查站，就是「查理檢查站」（Checkpoint Charlie），可以讓人近距離仔細觀察東德邊界警衛，並強制支付每日最低匯率的二十五西德馬克，換成二十五東德馬克。這種「強制匯兌」（Zwangsumtausch）是東德政府

收入西方匯率的來源之一，而這種一比一的匯率根本就不合理。

　　但前往東柏林的西方旅客沒有其他選擇，他們一定得用這種很差的匯率買東德馬克，然後在東德根本找不到任何可以買的東西。跨越邊界也很令人神經緊張。如果有哪個人在進入東德時，背包裡帶了一份其實無害的西方報紙或雜誌、或是東德官方認為是非法的西方宣傳禁品，可能就會被滯留在檢查站好幾個小時，甚至不多做解釋，就送回西柏林去。

　　相對地，東德人不管口袋裡有沒有夾一份東德報紙，都完全沒有自由跨越邊界前往西柏林的機會。他們實際上是被囚禁在自己的國家裡，與西柏林、西歐那明亮的燈光及自由隔離開來。這條規則唯一的例外，是針對年長公民而實行的。極為諷刺地，東德讓境內的退休人士穿越邊界前往西德，即使是單方向送出去也好，因為這些人的工作生涯已經結束，被視為社會的負擔。允許年長者移民，表示國家可以減少退休金的支出，對健保體系也較不用擔憂；東德人可以不吝射殺任何六十五歲以下的人，只為了把他們關在國內，對於把沒有生產力的年長公民送到西德去，卻沒有任何疑慮。

　　史普林斯汀身為嬰兒潮的一代，在美國成長的這段期間，冷戰很明確地是一場全球性的抗爭，因此他對於拜訪共產主義

▲ 1988 年時，西柏林著名的查理檢查站。

東柏林這樣的地方感到十分好奇。他從小被教導，國家可能像骨牌一樣落入共產主義手中，並受到美蘇核子武器對決的威脅，因此想要親自看看鐵幕之後的生活究竟是什麼樣子。他回味著1981年時，穿越邊界、邂逅當地人的感想。那是一次充滿啟發性的旅程，而且東柏林的人沒有機會可以看到他在西柏林的演唱會，這一點讓他十分在意。史普林斯汀的心中種下了一棵種子：他想在東柏林開演唱會。「下次我們來到柏林時，每個人都會受邀參加派對。」史普林斯汀這樣告訴他的經紀人藍道。

不難想像 1981 年時，東德對於邀請一位美國搖滾歌星來表演為何毫無興趣。1981 年 1 月雷根當選美國總統後，美國與蘇聯之間的冷戰態勢益發緊張。不到一年以前，蘇聯入侵阿富汗，美國還領導許多西方國家杯葛 1980 年在莫斯科舉辦的奧運。1981 年初，新任的美國總統計畫在西歐增加核子導彈的數量，指向東德和蘇聯——這也是要回應蘇聯所布署、可射往西德與跨越西歐的中程核子飛彈。

1981 年，年邁的強硬分子在莫斯科與東柏林都仍大權在

握。在所有蘇維埃陣營的國家中，美國都被視為敵人以及對世界和平的威脅。美國人的形象常被塑造成好戰的帝國主義侵略者，亟欲挑起第三次世界大戰——這也是西方國家大多數左派所持的觀點。在雷根當選後，冷戰情勢益發嚴酷，包括東西德在內，都被一些虛構的故事給嚇呆了——例如美國旅行社採用恐懼策略，鼓勵美國人民預定歐洲之旅：「趁歐洲還存在時，快來看看它吧。」

對任何想要在東德演出的西方藝人來說，更複雜的一個問題就是，共產黨統治下的西方搖滾樂，長期以來都被排除在本國之外。就官方的觀點而言，搖滾樂偏離了社會主義，是一種惡毒的文化武器，並具有腐蝕年輕人的影響力。柏林自由大學（Free University）的歷史學家約亨·史塔德（Jochen Staadt）表示，排斥搖滾樂的企圖在 1970 年代漸漸無效且被拋棄，大部分是因為西方音樂實在太過流行，在刻意對東德放送的西德、美國和英國廣播電台裡，又非常容易被聽到。不過，共產黨卻對東德自己的搖滾樂團與歌詞設下嚴格的限制。東德樂團必須擁有國家發給的許可，才能公開演出，西方樂團則極少允許舉辦演唱會——即使有也是限制重重。奇怪的是，假如東德當局在 1981 年花了點時間認真聽聽史普林斯汀的音樂，可能還比較

容易接受。

　　史普林斯汀有許多歌曲，都是關於對美國的幻滅以及生活的黑暗面，失望、一無所有、以及藍領階級面對的艱苦困境，還有生活在鄉間、貧富如此不均狀態下的情感掙扎。東德當局以及國營的媒體經常強調美國的物資短缺問題——包括因橫行無忌的資本主義所造成的高失業率、無家可歸者，及其對貧者、弱勢者和暴力氾濫的作法。史普林斯汀的父親曾長期遭受失業之苦，只在地毯工廠打零工，或是當公車司機。他為了維持生計的奮鬥，對史普林斯汀來說是人生中刻骨銘心的一段記錄——也對他的詞曲創作有著明確的影響。但在 1981 年的東德，這一切卻都付之闕如。不過，到了 1988 年，史普林斯汀在東德的共產黨自由德國青年團青年組織裡，在訴求中強調這些為勞動階級發聲的主張，藉此向共黨高層爭取到了讓他在東柏林演出。

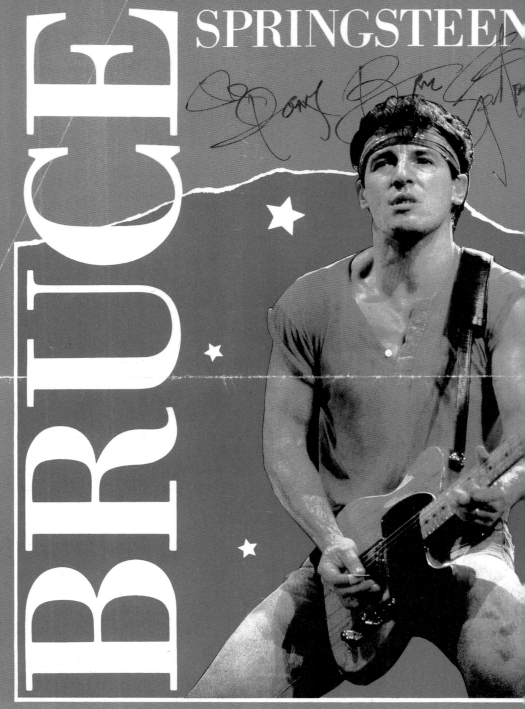

# SPRINGSTEEN

# BRUCE

# THE ★ TUNNEL

Herausgeber: Künstler-Agentur der DDR
Redaktion: Yvonne Nestler · Text: Ralf Dietrich
Fotos: Alfred Dießner (1), Archiv Künstler-Agentur (2)
Gestaltung: Bert Hülpüsch · Satz und Repro: Sachsendruck
Plauen · Druck: Druckhaus Karl-Marx-Stadt III-6-15
Ag 507/452/88 · EVP: 2,– M

◀1988 年「愛情隧道巡迴演唱會」的海報，上面有史普林斯汀的親筆簽名。

CHIMES OF

Badlands you gotta live it every day
Let the broken hearts stand
As the price you've gotta pay
We'll keep pushin' till it's understood
And these badlands start treating us good

*— Badlands*

# FREEDOM

第三章

自由鐘聲

你每日在此生活的惡地
讓破碎的心站起來
那是你必須付出的代價
我們只能努力往前推進，直到被了解為止
這些惡地才會開始對我們好一點

——〈惡地〉

1987 與 1988 年時，東德以及所有東歐國家的情勢都在改變。蘇維埃領袖米哈伊爾‧戈巴契夫在 1985 年所領導的改革，是發生在史普林斯汀 1981 年拜訪東德之後，此刻也散布到整個東歐，但卻遭到東德強硬派的抵抗，他們對任何改革的要求都充耳不聞。

　　許多年輕的東德民眾對於僵化的氣氛、個人自由的缺乏，都感到愈來愈無法忍受。但他們又能怎麼辦呢？這是一種挫折與不滿混合起來的有毒物質，在東西方貧富差距日漸增長的窒息感下，益發劇烈。透過西柏林經由廣播與電視放送到當地的西方音樂與資訊，使東德人更加明白這種惡化的差距。東德的

面積有四萬一千六百一十平方英里，約與美國肯塔基州的大小一樣，從西德來的廣播在整個東德境內都收聽得到。對於向東德人民傳播資訊，西方的廣播與電視在三十年前所扮演的角色，與 2011 年網際網路促成中東的「阿拉伯之春」[1] 非常類似。

戈巴契夫在 1980 年代中期的改革，對部分蘇聯陣營國家有著極大的衝擊。當戈巴契夫在 1985 年繼承上一任於掌權期間過世的年邁統治者而成為蘇聯共黨總書記時，五十四歲的他可說是異常的年輕。他首先在蘇聯推行自己的「重建」改革，接著則是「開放」政策，企圖終止經濟的停滯期，並讓社會主義體系在遠遠落後西方之際，能變得更有效率，這些改革也希望使蘇聯控制下的東歐衛星國能更獨立於莫斯科。「重建」與「開放」成為東歐巨大變革的催化劑，最終促使了共產主義、以及稍後蘇聯本身的瓦解。然而在東歐，強硬的史達林主義年代領導者埃里希·昂納克，幾乎毫不掩飾自己對戈巴契夫改革的輕

---

1　譯注：阿拉伯之春，又稱「阿拉伯的覺醒」、「阿拉伯起義」，是指自 2010 年年底在北非、西亞的阿拉伯國家和其他地區的一些國家，發生一系列以「民主」和「經濟」為主題的社會運動。肇始自北非國家突尼西亞的班·阿里政權被民眾抗議推翻，繼而形成一場規模空前的民眾反政府運動，如潮水般席捲整個阿拉伯世界。此運動由諳熟網際網路的年輕一代發起，要求和世界上其他大部分地區一樣享有基本民主權利，起初稱「茉莉花革命」，採取公開示威遊行和網路串連的方式，其影響之深、範圍之廣吸引了全世界的高度關注，從 2011 年初開始至今尚未完全結束。

蔑。他認為戈巴契夫是個危險的江湖郎中，不會撐太久，而且他對莫斯科要求改革的聲音完全抗拒、封鎖、並加以忽視。

然而，東德人民卻已體認到風向正在改變，並嫉妒著其他東歐國家與日俱增的自由，尤其是鄰國波蘭的團結（Solidarity）運動。東德人民持續追蹤莫斯科態度的轉變，及其在各方面所造成的效果，其中最令人驚訝的改變之一，是在德語版的《史普尼克》（Sputnik）雜誌（一本很流行的蘇聯新聞文摘月刊）上面，可以看得到愈來愈大膽的內容。1980 年中期戈巴契夫上台以後，《史普尼克》開始刊登一些挑戰共產黨底線、以及扭轉戰後歐洲歷史觀點的文章。東德讀者對這種新的開放態度，以及在這樣一本看似極為官方的雜誌上，能讀到來自莫斯科的重要評論都十分著迷，因此 1980 年代中期，《史普尼克》的忠實讀者日益增加。但《史普尼克》對共產黨底線的挑戰，在東德卻行不通。它的文章變得愈來愈具批判性，以致於東德政府終於在 1988 年 11 月下令禁止發行，名義為「對德國－蘇維埃之間的友誼毫無助益」，還有「扭曲歷史」——那不過是在史普林斯汀東柏林演唱會的四個月之後。

在東德被禁的西方刊物不計其數，這雖然只是其中之一，但卻是一份蘇聯的刊物（來自那強大、長久以來東歐國家的領

袖），因此對許多東德人民而言可說是相當心寒。在一般東德人心中，常存有對戈巴契夫開放能持續多久的疑慮，在他們眼中，《史普尼克》的被禁正是往錯誤方向的一步。

　　由於「重建」與「開放」改革對東德的鄰國以及東歐各地的國家都有深遠的影響，於是東德人民（特別是年輕一代）也產生一種強大的意念，希望能在自己的國家裡開始看到一些「重建」與「開放」的跡象。1988 年時，東德政府尚未打算對任何有實際意義的議題讓步，但也開始心不甘情不願地同意某些不算太過分的想法，藉此安撫年輕人，例如由共產黨政權下的青年組織「自由德國青年團」來舉辦搖滾演唱會。

　　自由德國青年團成立於 1949 年，它的任務在名義上是要支援十四至二十五歲之間的年輕人，並維持他們對共產主義、社會主義體系、以及東德的熱情。理論上來說，加入會員是自願的，但是沒參加的人（大部分是來自宗教家庭的子女）可能就會在大學入學時被遺忘，甚至要面對更多不祥的後果。1985年，自由德國青年團的會員有兩百三十萬人，幾乎涵蓋十四至

二十五歲東德人口中的百分之八十。自由德國青年團的制服是一件藍色的長袖襯衫，左邊袖子上繡有一個小小的自由德國青年團貼布。自由德國青年團的工作，即是防止年輕一代以任何形式進行叛亂。1980 年代晚期，自由德國青年團完全了解到，東德人之間的挫折感正日益加深，這個國家對馬克思－列寧主義的政策也正在減弱。因此，1988 年時，自由德國青年團的領導人想讓年輕人感到些許滿足，因此做了一些事情，例如舉辦東德搖滾樂團的演唱會，或是邀請西方藝人在威森斯區的一個公開場地表演。「戈巴契夫帶來的改變，受到東德統治者的懷疑──他們根本就拒絕改變。」羅蘭・克勞斯（Roland Claus）表示，他在 1988 年演唱會時是三十三歲，也是自由德國青年團的領袖，往昔琥珀色的頭髮如今早已灰白。克勞斯目前是德國國會左黨（Left Party）的成員，其前身就是德國統一社會黨（SED）。「我們是一群自由德國青年團裡的年輕領袖，試著想告訴他們這種方向是錯誤的，應該要向世界開放才對。我們知道自己應該要為年輕人做些事情，於是計畫在東柏林辦幾場國際巨星的演唱會。那才是新事物。」

共黨領袖之前拒絕過這種開放方式，但在 1988 年又勉強同意、並承諾會允許西方藝人的演唱會，這在幾年前都還是無

法想像的。這對騷動不安的群眾來說，是一種遲來的安撫。東德政權態度的轉變並未受到忽視，同一批共產主義強硬派（不分老少）他們當年拒絕、貶抑西方搖滾音樂，如今卻歡迎西方搖滾巨星來到他們的首都。「這種狀況很矛盾，」柏林洪堡（Humboldt）大學歷史教授格爾德‧迪崔希（Gerd Dietrich）如是說：「在史普林斯汀之前，自由德國青年團強烈譴責像史普林斯汀這樣的西方搖滾藝人；突然之間又對他張開雙臂歡迎。看起來，他們像是在探查年輕人轉變中的價值觀。自由德國青年團以為讓年輕人嚐嚐史普林斯汀這種西方藝人的滋味，就可以滿足他們了。」

東德在整個 1950、1960 年代都對搖滾樂極為不滿，因為它被執政的德國統一社會黨視為是一種「頹廢而負面」的東西。許多曾於二次大戰期間在莫斯科流亡的戰後東德領袖，都將搖滾樂看成是一種自我耽溺、西方都會生活的象徵，而那是他們所拒斥的。在他們的眼中，搖滾樂是一種危險的美國文化武器，意欲誘惑、腐蝕東德的年輕一代，使其遠離社會主義。稍早的東德字典裡，對搖滾樂有一個生動的說明，可以看出東德對它的態度：「搖滾樂，源自美國，它是布吉音樂（boogie）[2] 的一種誇張形式，它會誘惑年輕人踰越規矩；在西德，它被視為一

種心戰武器，使年輕人忽視政治議題。」

諷刺的是，儘管東德領導者儘可能設法把搖滾樂擋在外頭，卻反而使它顯得更有趣了——對年輕人、甚至沒那麼反叛的東德人來說，搖滾樂成了一種「禁果」。年輕的東德民眾早在史普林斯汀出現之前，就已經對搖滾如飢似渴。舉例來說，1969年時，曾因一則滾石合唱團（The Rolling Stones）要來東柏林演唱的消息而掀起一陣狂熱。在傳聞中，樂團將於 1969 年 10 月 7 日在西柏林十九層樓高的史普林格（Springer）出版社大樓上搭起一座高台，然後在上面開演唱會，高度比柏林圍牆還要高出兩百七十英尺。這座大樓是於 1965 年由西德出版商艾索‧史普林格（Axel Springer）所建造的，位置就在這家出版社最厭惡的柏林圍牆旁。

謠言從何而來並不難分辨。史普林格利用他位於頂樓辦公室的良好視野，在外面張貼捲動的新聞橫幅旗幟，用斗大的字體把西方的新聞頭條放送到東柏林的心臟地區，這樣東德人就可以看到未經共黨審查的西方新聞公告。但事實上那天在史普

---

2　譯注：重複、搖擺而隨機的節奏，原本為鋼琴演奏的 boogie-woogie 音樂，後來也應用到吉他上，最早記錄於 1916 年，在 1930 年代搖擺樂中大量運用，到 1950 年代更併入新興的鄉村與搖滾樂風格。

林格大樓樓頂，根本就沒有滾石合唱團的演唱會。「那只是個流言，但卻足以讓數千名來自東德各地的年輕人聚集在史普林格大樓旁的柏林圍牆下，」在柏林自由大學研究東德政治史的學者約亨・史塔德說：「那裡有好幾百個人，在等著演唱會開始。」警察開始干預、並逮捕不肯散去的人時，有些年輕人開始唱著「圍牆必倒塌」（Die Mauer muss weg）。

毫無疑問，正因極權政府如此徹底地反對搖滾樂，搖滾樂便成為許多東德年輕人的珍貴出口，得以表達他們對自由生活的希望與夢想。1970 與 1980 年代，一個東德青年能擁有最珍貴的物品，就是原版的西方搖滾樂專輯，例如阿巴合唱團（ABBA）、蒂娜・透納（Tina Turner）、披頭四（Beatles）、麥可・傑克森（Michael Jackson）、滾石合唱團、或是布魯斯・史普林斯汀，在東德，這些對他們來說都是名副其實的貨幣。任何一個有親戚從西方前來拜訪的幸運東德人，都會想要一件牛仔褲，或更好一點，在耶誕節或是生日之類的日子得到一張原版專輯。由於東德的老年人可以前往西方旅行，有很多東德年輕人便希望他們的祖父母回到東德時能幫他們帶一些西方專輯，或是西方貨幣，這樣他們才能到「內部商店」[3]（為西方人開設的特別商店，且只接受西方貨幣）購買專輯或其他進口商

品。

在 1970 年代與 1980 年代，隨著共產黨人漸漸屈服於東德的實際現狀，並且對搖滾樂的態度放鬆，突然有十幾個東德搖滾樂團陸續成立。不過，這些樂團仍受到國家的嚴密控管。他們的歌詞必須事先接受審議，經由國家許可，在官方的允許下才能公開表演。但之後卻有些東德樂團因歌詞對禁忌議題太過深入而遭禁（儘管那正是大多數東德民眾亟欲聽到的），例如 1970 年代很受歡迎的克勞斯‧倫夫特組合（Klaus Renft Combo）。克勞斯‧倫夫特組合在 1975 年想要表演一首叫做〈小奧圖的搖滾情歌〉（*Die Rockballade vom kleinen Otto*），內容是關於一個無論如何都想逃到西德的年輕人，因此惹毛了政府。這個樂團立刻被禁，其中幾個成員甚至因為這種間接批判當權者的歌詞而入獄。

---

3 譯注：當時在東德有一些特別的商店，例如：「內部商店」（Intershops）、「外匯商店」（Berlioskas）等，去這些商店購物，必須有特別批准，或者須持有外幣。

東德統治者也對非官方的民意調查加以制裁，因為這些調查對當時的國情提供了生動的寫照，而且他們也自知在這場戰爭中已經落敗。約亨・史塔德研究了許多民意調查，表示這些調查都相當正確，但卻因為是由匿名者主導，因此未曾公開。「1980 年代中期，他們從這些調查中了解到年輕人已經轉為反抗他們了，」史塔德說：「1980 年代時，有超過百分之七十的年輕人告訴調查者，他們只聽西德的廣播與西方的流行音樂，完全揚棄了東德媒體。」

　　拒聽德意志民主共和國國營電台的東德年輕人，聽的是現成的西方廣播電台——例如東柏林的美國部門無線電台（RIAS, Radio in the American Sector）廣播網、英軍廣播服務（BFSB, the British Forces Broadcasting Service）、自由柏林電台 （SFB, Station of Free Berlin）、以及巴伐利亞的巴伐利亞三號（Bayern3）電台。聽西方廣播或看西德電視，對許多東德人來說原本就是一種無言的反抗，布吉・華特（Birgit Walter）回憶道，當時她是一名三十六歲的記者，在東德的《柏林日報》（Berliner Zeitung）上報導了關於演唱會的消息，至今她仍在那裡工作。她也屬於那群沒聽過東德電台、也從來不看東德電視的多數人。「我根本受不了他們放送的那些垃圾，」她說：「根

本就是一堆謊言、毫無意義。打開收音機的瞬間，馬上就會聽到宣傳訊息。我根本就完全拒絕聽任何東德的廣播。」

從共黨的觀點來看，收聽西方廣播，無異於與敵人稱兄道弟。在 1950 與 1960 年代，有公民意識的東德人甚至會在鄰里間巡邏，向祕密警察舉報任何一個膽敢把屋頂電視天線朝向西方的人家。1980 年時，則幾乎每一根屋頂上的電視天線，都是朝向西方。事實上，對東德人民來說，那是一種最容易定位方向的作法：只要抬頭看看天線朝向哪裡，通常就能很輕鬆地找到哪個方向是西方。為了幫助、並鼓勵東德人從廣播中側錄西方流行藝人的歌曲，有許多靠近東德邊界的西德電台甚至會放送一段特別沒有廣告的「單一專輯時段」（Mitschnittservice），這樣東德人就可以把整張專輯用卡帶錄下來，中間不會有 DJ 的評論或被打斷。

1987 年的東德，年輕一代和年長強硬派之間的張力愈來愈緊繃。其他東歐國家已可預見即將享有更多自由、更好的生活，東德的年輕人也希望如此，他們看到愈來愈多的可能性。1987年夏天，這些思想種子爆發成柏林圍牆周邊的一些零星街頭暴力，對一個嚴格控制的國家來說，這是相當罕見的。問題的來源正是音樂——西柏林舉辦了一些露天演唱會，就在圍牆的另

一邊。

　　幾位知名的英國歌手，包括大衛・鮑伊（David Bowie）、創世紀合唱團（Genesis）與舞韻合唱團（Eurythmics），在柏林圍牆旁舉辦了一系列的露天演唱會，場地就在西柏林極具歷史的德國國會大廈（Reichstag）前方。這場於 6 月 6 日至 6 月 8 日晚間連續舉行三天的演唱會，是為了慶祝柏林建城七百五十週年——相鄰的東柏林街道上卻是聽不到的。這系列演唱會是由西德的策劃人彼得・史文科（Peter Schwenkow）所舉辦的，稱為「為柏林而唱」（Concert for Berlin）。這個標題本身就是要挑釁共產東德，讓它面子掛不住，並意味著這是為整個柏林的聽眾而唱，而非採用比較政治正確的「為西柏林而唱」旗幟。

　　雖然東德官方並未對這場在圍牆西側舉辦的音樂會發布公告，但演唱會的消息卻很快傳遍了整個東德，這都要感謝贊助這場演唱會的美國部門無線電台（RIAS）——這個很受歡迎的電台，是由美國專業機構在 1946 年於西柏林的分部成立的；它在冷戰期間成為東西德數百萬人民重要的訊息與娛樂來源，同時也是東德最受歡迎的外國廣播電台。許多東德人認為，「為柏林而唱」可能是他們一生中僅有的一次機會，可以隔著圍牆

聽到一點大衛‧鮑伊與創世紀合唱團的現場演唱，因為舞台和擴音器都設在德國國會大廈廣場的西邊，朝向南方。但在廣場東側也設置了額外的擴音器，就靠在圍牆旁邊。

史文科是保守基督教民主黨（Christian Democratic Party）的重要成員，1987年策劃那場音樂會時，他三十四歲。「我想要激怒東柏林那邊的當權者，」史文科承認道，並對其反共立場依然感到驕傲：「我自己對他們發起了一場私人小戰爭。」在「為柏林而唱」十年之前，當史文科還是個年輕的舞台工作人員時，他曾因為問了太多問題，突然被拘留在東德邊防警衛的槍口下。他當時問蒂娜‧透納巡迴演唱的兩個工作人員，幾天前在前往西柏林參加一場演唱會的途中，於東德高速公路上一場神祕車禍中喪生的事情，就被警衛審訊了好幾個小時。史文科稍後發現，他們的車子是在半夜撞上了一台因故障而停在路中間的東德車輛，而那輛車並未開任何燈光：「我最厭惡的是東德當局在我問了這些問題後，就用槍口指著我，把我拘留了好幾個小時。多年後，在德國國會大廈前舉辦演唱會，就是我擾亂他們的一種方式。」

史文科最後因這系列的柏林演唱會而損失了二十萬德國馬克（西德馬克，約合十萬美金），他表示有部分原因是因為

門票相對太便宜，三天的聯票只要五十德國馬克（二十五元美金）。他也覺得，西柏林是座只有兩百萬人口的孤島，沒有可以吸引來自周遭其他地區聽眾的腹地，因為住在東德的每個人，都被圍牆鎖在西柏林之外，而來自西德其他地區的人則必須旅行好幾百英里，才到得了西柏林。而史文科最大的損失，則是必須付給西柏林當局四萬五千德國馬克的罰款，因為違反了噪音條例（演唱會上記錄到的音量，比所允許的音量要高出三倍之多）。但史文科對這罰金一笑置之，並說那錢花得很值得。他也很驕傲地說，參加這場「為柏林而唱」的藝人們允許他透過美國部門無線電台把這場表演轉播到東德去。

史文科說，演唱會中四分之一的擴音器，並不是朝向西柏林的群眾，而是對著柏林圍牆與東柏林。1987 年 6 月 6 日至 6 月 8 日每天晚上，西柏林有八萬人看著演唱會，也有幾千個東德人在幾百碼外聚集，就在圍牆的東側、靠近布蘭登堡大門（Brandenburg Gate）旁。有些人千里迢迢從東德其他地區來到東柏林，希望能透過那道十二英尺高的圍牆，聽到那些他們無緣得見的表演者的音樂。辛蒂‧歐皮茲（Cindy Opitz）是個在東德念書的美國人，她和一群朋友從羅史塔克（Rostock）來，想在東柏林圍牆邊聽這場音樂會。他們找到一個在院子內

的地點，以為在那裡可以聽到西柏林傳來的聲音。但他們卻看到有些人在公寓裡把燈點亮又關上（想必是打給警察的信號，表示有人非法聚集在圍牆旁邊），於是他們一哄而散、四散而逃。因為其中一位東德朋友，是正在休假的東德軍人，如果被抓到他跟美國人在一起的話，麻煩可就大了。歐皮茲與她的東德未婚夫托斯登（Torsten），逃進了附近一家名叫梅特洛波（Metropol）的旅館，他們要了個房間，然後從打開的窗戶聽著舞韻合唱團的演唱。

這場演唱會讓東德的警力處於高度戒備狀態，一方面是因為東德群眾太靠近柏林圍牆東側所設立的死亡帶，另一方面也是因為牆邊可能發生暴力事件的威脅。1953 年的記憶揮之不去——當時有一場自發性、組織鬆散的共黨反抗運動，由東德工人主導，發生地點就在同一個區域。在蘇維埃坦克車協助鎮暴下，共有五十五人遭到殺害，數以千計的東德民眾入獄服漫長的徒刑。東德指控美國部門無線電台和中央情報局，是挑起 1953 年這場短暫反抗運動的元兇。

1987 年時，假如數以千計亟欲聽演唱會的東德民眾突然開始向圍牆移動的話，那會怎麼樣？圍牆另一側，在那些西柏林、西方媒體、西柏林人民和西方旅客的目光之下，會出現暴力與

流血事件嗎？會有很多東德人民聚集在圍牆邊，制服相對少數的東德邊防警衛嗎？1987 年「為柏林而唱」的狀況後來確實惡化了，東德警衛採取武力驅離人群，而這些人唯一犯的「罪」，就是聽了音樂。他們因為忽視離開「敏感」區域的命令而被打退，這些區域包括直通往柏林圍牆的菩提樹大道（Unter den Linden）以及席夫包丹（Schiffbauerdamm）等街道。

警方用警棍和電擊棒對付自己的同胞。馬蒂亞斯・貝克（Matthias Beck）是名二十一歲的木工，他從萊比錫來到東柏林，想在柏林圍牆旁聽到一些音樂，還記得當時遭警察毆打的情形。「在那時，由於風吹的方向，我斷斷續續可以聽得到一點音樂片段，」一年後回到東柏林，參加史普林斯汀在威森斯演唱會的貝克說道：「但最後沒什麼好下場。我在最近的距離，親身、就在眼前，嚐到了國家權力的第一手滋味，但他們給我的那幾道擦傷，與我們父母輩終身都必須經歷的那一切，根本沒得比。」

在絕望的狀況下，有些東德樂迷開始唱著口號，例如「戈巴契夫！戈巴契夫！」——希望能藉著這位蘇維埃領袖的名字，讓警察停止攻擊。他們也唱著「圍牆應該消失」（Weg mit der Mauer）和「我們要自由」（Wir wollen Freiheit）。對二十一

世紀的讀者來說，這些吶喊似乎是一種相對溫和的公民反抗行為，但在1987年，這卻可能會讓人進入東德那惡名昭彰的監獄，或是毀掉一個人的職業生涯、甚或任何進入大學就讀的機會。大約有兩百名東德人在圍牆邊的這場混戰中遭到逮捕。那是東德的黑暗時刻，對樂迷施展的暴力讓「重建」與「開放」顏面掃地。因為這件事發生在柏林圍牆旁邊如此高調的地點，又因為大多數東德人都可以輕易看到西德電視與廣播，所以短時間內打人的影像就傳遍了整個東德。

西德的 ARD 公共電視網在東德相當流行。第二天晚上，ARD 的東德特派記者彼得‧梅斯柏格（Peter Merseburger）提出了一份報導，敘述大衛‧鮑伊演唱時，所發生令人不寒而慄的暴力衝突事件。「昨夜東德爆發街頭衝突，在這個城市可說是許久未見，」梅斯柏格說：「警察一直攻擊那些叫著應該要把圍牆拆掉的東德年輕人。起初一切都無害，只有幾百個東德年輕人和平地聚集在圍牆邊，想聽聽幾百公尺外西柏林的演唱會。但東德當局出動了大量警力，開始逮捕一些年輕人。情勢很快就升高，空氣中充滿了『豬！』的喊叫聲。這使得更多後援警力湧入，彷彿是國家在展現強大的力量。而報導這次事件的記者也挨打了。」

這則報導在晚間向全西德播出，同時也跨過柏林圍牆，讓大部分的東德人都看到了。梅斯柏格也記下，官方的東德新聞社 AND 認為，這則報導是「西方特派記者的一次幻想、一則恐怖故事」。然而，梅斯柏格那邊的報導紀錄影片卻顯示，事實並非如此。影片中，穿著制服的東德警察正在布蘭登堡大門附近的街道上，拿著棍棒打人民。

　　西柏林自由大學的政治歷史學者史塔德表示，對東德當局來說，暴力的影像竟被西方記者錄下來了，這根本就是一場惡夢。「西德記者竟然在現場目睹並報導了這一切，這讓他們很感冒，」他說：「因為是在電視上播出的，所以他們沒辦法隱藏、或假裝這一切沒發生過。這對他們的國際形象來說是個重大的汙點，而東德當局最恨的就是這一點。」

　　即便是自由德國青年團中某些忠誠的年輕共產黨員也都明白，毆打只是想聽聽音樂的無辜人民，是一種令人痛心的退步之舉。在這次暴力事件之後，自由德國青年團也更敏銳地察覺到需要有些改變，而且一個與人民如此脫節的政府，會去毆打那些只是想聽音樂的人民，那表示更大的問題也來日不遠了。「我們都在 1987 年的西德電視上看到發生了什麼事。」雷納·波納（Rainer Börner）表示，他當時是自由德國青年團的文化

祕書，目前為東德的音樂製作人。「這只是讓我們對種種禁制更顯挫折。對一個一黨專政的國家來說，這種反應也太過頭了，根本無法應付。我們有些人明白到，應該要提供更多的東西。」彼得‧史文科表示，雖然金錢方面有所損失，但西柏林的這場演唱會在另一方面卻是大大的成功：「我很高興能看到東德當局對這件事竟然這麼激動，這種感覺棒透了。」於是他馬上就開始策劃來年另一場「為柏林而唱」的演唱會，預定在 1988 年 6 月舉辦，並敲定平克佛洛依德（Pink Floyd）在 6 月 16 日演出，麥可‧傑克森在 6 月 19 日演出。

東德當局對 1988 年西柏林國會大廈前露天演唱會的捲土重來感到非常緊張，因此亟欲施展手下的各種力量，防止敏感區域再次爆發暴力行為。他們甚至以聯邦政府的層次找了一些外交管道，企圖對史文科施壓。他們也對西德當局抱怨，說這些圍牆附近演唱會的高分貝音樂，會對附近東柏林慈善醫院裡需要嚴密照護的病人，造成震動和「致危」的問題。他們要求西德官方承諾，不會有擴音器越過圍牆對著東方。但西德並沒有遵守這個諾言。史文科回憶道。在西德官方檢查過那些擴音器之後，工作人員就把其中許多擴音器又轉向了東方。

當時的西柏林市長艾德哈‧迪普根（Eberhard Diepgen）是

一名保守的基督民主黨員，柏林在他的統治下，「沒有勇氣直接反抗東德的壓力，」史文科至今仍對西柏林當局的缺乏骨氣感到憤憤不平：「於是他們對我們設下許多嚴格的限制，在演唱會開始的前一晚，還跑來檢查擴音系統的音量。那些官員走了以後，有一輛平克佛洛依德的卡車開過來，加上了六個擴音器，方向朝向東方。稍後，我們聽東柏林的人說，平克佛洛依德打算要讓好幾英里外、深入東柏林地區的窗戶都撼動。」

在一份這場演唱會的內部報導中，祕密警察抱怨這是被迪普根出賣的後果。西柏林市長說不會有擴音器對著東柏林的承諾已被打破，而且有些擴音器根本就直接對著柏林圍牆。祕密警察的這份報告也提到，承辦人在圍牆旁邊設立了兩個額外的舞台，「很清楚地就是要對準東德」。不過，這份報告也說，「感謝那良好的風向」（由東方吹往西方）使得傳到東柏林的音量，沒有他們想像中那麼大。

東德也先試過其他方法，想要緩和西柏林演唱會之前的緊張情勢。傑拉德・波內斯基（Gerald Ponesky）是一位年輕激進的東德樂團經紀人，同時也是共產黨員，他在麥可・傑克森開唱之前，試圖與西德的承辦人聯絡，要把傑克森在西柏林的表演投影在東柏林的一面巨大布幕上。這樣就能讓東邊的人離圍

牆遠一點，又跟得上演唱會──但是會有兩分鐘的延遲，這樣如果出現「挑釁」的部分，審查員才有時間把它剪掉。

波內斯基雖和西柏林演唱會承辦人交涉，但他的努力終究還是付諸流水。「自由德國青年團了解，他們必須要做些事情來改善自己在東德的形象，他們也了解到圍牆那頭傑克森在西柏林的演唱會，也有著極大的壓力。」波內斯基回憶道，前幾個星期，他才剛想到要邀請史普林斯汀來東柏林，並且很認真地把這個計畫推銷給東德當局。「這就是共黨高層為何對在東柏林播放傑克森的音樂會，曾有過短暫興趣的原因。」至於史文科這方面，他也認真考慮過在東柏林搭一座銀幕牆，這樣東德人就可以看得到傑克森的演出，不過最後史文科卻拒絕了。「我不想跟東德的任何當權者打交道，」他說：「我一點都不想幫他們任何忙。」

最後，東德官方終於了解，要把年輕人的注意力從西柏林演唱會移開的話，最好的方式，或許就是自己主辦一系列的夏日搖滾演唱會──場地要安全地離柏林圍牆遠遠的。自由德國青年團建議在威森斯區辦演唱會，當地有一個賽馬場，後來改成自行車賽車場，旁邊還有一大塊空地。這個地點約在布蘭登堡大門東北方六英里處，在東柏林的心臟地帶，離柏林圍牆約

有三英里。當然，這是一種聲東擊西的方式，讓東德人遠離柏林圍牆區域。儘管如此，演唱會仍深受東德年輕人歡迎，並成功地暫時讓柏林圍牆東邊的警力鬆了一口氣。

1988 年 6 月 19 日，就在麥可‧傑克森在西柏林演出的同一天晚上，加拿大搖滾歌手布萊恩‧亞當斯（Bryan Adams）也在威森斯對著十二萬名聽眾唱著他的〈69 年夏天〉（*Summer of '69*）等暢銷歌曲。但還是有幾千名來自東德的傑克森歌迷，聚集在圍牆邊想聽他在西柏林的演唱會，因此東德官方的神經依然極度緊繃。但當時的狀況遠不及前一年的緊張，也未爆發暴力事件。

「東德國境的防衛可說是滴水不漏，因為發生在那兒的任何意外事件，都具有高度的政治敏感性。」6 月 19 日傑克森的演唱會結束後，祕密警察在一份日期註記為 1988 年 6 月 28 日的報告裡提到：「因此，隨時在當地提供充足的警力，是非常迫切需要的。」這份報告也寫道，在威森斯所舉辦的東柏林演唱會，吸引力有所不足，無法完全化解西柏林國會大廈前音樂會的力量：「和國際知名的麥可‧傑克森與平克佛洛依德相比，在威森斯演出的藝人根本就不是對手。」

祕密警察統計，6 月 16 日有大約三千名東德民眾聚集在圍

牆邊，想聽平克佛洛依德，6 月 19 日想聽麥可‧傑克森的人數也大致相同。為了防患未然，祕密警察出動了手頭上的五千名警力，防堵 1987 年的事件再度發生。「當時大概有三千人，其中五百名為心懷不軌的不良分子，」報告如此描述當平克佛洛依德在西柏林演唱時，距離不遠的東柏林狀況：「除了那些在布蘭登堡大門前面真正對音樂感興趣的人以外，也有一些心懷不軌的分子，毫無疑問地，最大的威脅就是來自他們。情況相當複雜，因為那些真正對音樂感興趣的人、以及想作亂的分子所造成的壓力，有時會壓垮警力所布下的額外屏障。這表示需加強警力增援，來保護這些屏障。其他的輔助設備，如警棍，是沒有必要的。」

▲瓊‧藍道的近照，他是史普林斯汀多年來的經紀人。

▲傑拉德‧波內斯基，東德自由德國青年團內部舉辦演唱會的推手。
他正在觀看 2008 年的歐洲盃足球冠軍賽。

The hungry and the hunted explode into rock'n roll bands.
That face off against each other out in the street down in Jungleland

*— Jungleland*

第四章

詭譎的部分

飢餓且被追捕的人們，爆炸成了搖滾樂團
彼此的臉都抵銷了，就在那叢林之地中

──〈叢林之地〉

就在東德對 1988 年 6 月西柏林在圍牆邊的演唱會愈來愈顯焦慮之際，史普林斯汀的經紀人瓊‧藍道正在聯絡西德的主辦人馬叟‧阿福朗，請他協助史普林斯汀在東柏林舉辦一場演唱會。藍道記得，那居然出乎意料地簡單，雖然提出的時間那麼晚，但轉眼間東柏林的演出馬上就安排妥當了。「一切很快就安排好了。」藍道說，7 月 19 日的東柏林演唱會馬上加到日程表中，當時巡迴演出已經如火如荼地展開。藍道說，史普林斯汀一行人都亟欲前往東柏林表演，但事實上並未計畫要穿破鐵幕、以掀起革命為目標。「那其實不是我們自以為最偉大的想法，而比較像是『嘿，這挺有意思的，那就做做看吧。』」我們

當時的表演非常精采，每個人也都很樂於在東柏林演出。」

　　但伴隨著冷戰的歷史，一個故事往往有兩面──東、西方都有各自不同的說法。毫無意外地，東德對於史普林斯汀 1988年 7 月在東柏林所造成的效果，看法便與西方不同：根據東方的說法，有些年輕的共黨領袖在 6 月時就構想計畫邀請史普林斯汀。他們把一張邀請函傳真給他，然後史普林斯汀就來了。

　　有個幸運的巧合，當藍道正在試圖尋找史普林斯汀可以在東德的何處舉辦演唱會時，自由德國青年團也想邀請他前來威森斯舉辦的夏日搖滾慶典中演出，於是就寄了份邀請函給他。自由德國青年團非常想讓年輕的東德人繼續效忠共產主義，尤其在一份內部民意調查中顯示，年輕人的覺醒有愈來愈上升的趨勢，稍微在東德開放一些西方搖滾樂，看起來似乎是可以改善人們情緒的一步棋。自由德國青年團心想，邀請一位像史普林斯汀這麼重要的西方搖滾巨星來到東德演出，將有助於告訴年輕人，情勢已經在改變、一切會愈來愈好。令他們驚喜的是，史普林斯汀答應了，這就是他們成功邀請到全世界最大牌的搖滾歌星之一的故事。

　　「我們想要找史普林斯汀，因為他是世界知名的巨星，而且也正當紅。」曾擔任自由德國青年團領袖的羅蘭・克勞斯如

是說。請他來東柏林開演唱會的這種方式，其實是頗為隨機、單純而且亂槍打鳥的，但總之受到幸運之神眷顧，史普林斯汀想到東柏林演唱的念頭，就跟東柏林想要他去一樣地強烈。

今天，在德國，一般都認為傑拉德‧波內斯基是最早起心動念、計畫請史普林斯汀到東柏林來的人。年方三十五歲，野心勃勃、講話和思想都很快捷的波內斯基，在 1988 年就已經是位超越他那個時代、具有號召力的人物了。1988 年時，他擔任東德一個很受歡迎、名叫「我們」（Wir）樂團的經紀人，同時也是共產黨中信譽良好的成員。他的父親漢斯－喬治‧波內斯基（Hans-Georg Ponesky）是東德一位有名的電視節目主持人。他和許多東德年輕人一樣，都看到了對改革的迫切需要。

波內斯基是個有趣的人，他說他是第一個想到要把史普林斯汀請到東柏林開演唱會的人。當時是 1988 年 6 月初，東德共產當局徵召了他，要他為東德統治者埃里希‧昂納克在弗羅茨瓦夫（Wroclaw）的一場演講，到波蘭去拼湊一些音響器材出來；弗羅茨瓦夫直到 1945 年都還是德國的領土，目前在德國被稱為

布樂斯婁（Breslau）。演講的前一天，昂納克的屬下很不高興地發現，波蘭當地音響設備的品質實在差得可以，他們很怕自己老闆的聲音根本沒辦法被人聽到。波內斯基在東柏林接到了緊急電話，要他想辦法搞來足夠的擴音器和音響設備，使昂納克在演講中的聲音聽起來比較像個重要的領導人，而不是一個碎碎唸的糟老頭。波內斯基身為人脈關係良好的搖滾樂團經紀人，很快就搞定此事。

「波蘭的音響設備實在太恐怖了。每個人都知道，在這麼大的場地裡，昂納克的聲音大概只要兩句話，聽起來就會變得又沙啞又刺耳——於是他們得趕快想辦法弄到更好的設備才行，」波內斯基說：「在東德，每個人都知道，擁有最佳音響設備的，莫過於搖滾樂團。事實上這些器材大部分都是來自西方的二手貨。於是自由德國青年團打電話給我，問我能不能幫忙。我找遍了全東德的樂團，把器材收集好，用一台卡車裝載，連夜開到布樂斯婁去。我們準時在昂納克演講前把一切都搞定。活動很成功，每個人也都很開心。」

波內斯基和他的朋友在演講結束當天晚上心情大好，在布樂斯婁四處閒逛，於是看到一家店裡的牆上掛了一張巨大的史普林斯汀海報。「我心想，『哇，就是這個了！這就是我們在

東德辦演唱會應該要有的人物！我們要想辦法請他來表演。』
於是我們開始討論，還喝了幾罐啤酒，這就是這個點子的起
源。」波內斯基回憶道。他信任東德，也希望這些改革能讓共
產主義的社會變成一個更宜人居住的地方。他很樂觀，相信史
普林斯汀關懷世界各地小人物的名聲，能對共黨高層在批准相
關所需條件時有所幫助。

今天，波內斯基是柏林一家蓬勃發展的活動經紀公司的領
導人，上述就是他最愛講的故事版本，這些年來在德國報紙上
也重複了很多次。其中的確有些真實的部分，但卻只是故事的
一半——這是屬於東德的版本。波內斯基身為搖滾樂團的經紀
人，他對檯面上下在東德演出的規則都十分熟悉，也很清楚如
果搖滾樂團的歌詞違反了任何規定，有可能馬上會被勒令解散、
失去法律保護、甚至鋃鐺入獄。他也知道，想要說服那些東德
「有權力的人」接納一個美國歌星是很困難的。但他覺得史普
林斯汀所擁有的勞工階級形象，對掌控這個國家的老一輩強硬
派來說，可能是頗為令人愉悅的。而且，足智多謀的波內斯基
想了一個計畫，能讓史普林斯汀通過那些想要否決美國搖滾巨
星現身的死硬派那關。他的計畫的確幫助演唱會獲得許可，但
卻也差點搞垮他自己，以及東柏林想要看史普林斯汀演唱會的

所有人。

「當時坊間四下流傳，史普林斯汀曾捐款給尼加拉瓜的一家印刷媒體。」波內斯基回憶道，他也承認自己不知道這個傳言從何而起，或究竟是真是假。但當時這聽起來頗為合理，而且至少他知道史普林斯汀從未否認過這件事——雖說很有可能史普林斯汀根本連聽都沒聽過。「這聽起來會是個良好的開始，而且也相當合理可信。我們知道自由德國青年團想要為東德這些日漸失去耐心的年輕人帶來點特別的東西，我們也知道如果要找人的話，一定要是當時真正的大牌人物，而不是已經過氣的明星。我們那時候已經從西方找來一些沒那麼紅的明星演出，於是我們找上自由德國青年團，告訴他們我們可以把史普林斯汀的演唱會和東德與尼加拉瓜的團結運動連結在一起。」在此同時（也就是伊朗門事件[1]曝光兩年之後）與尼加拉瓜和統治的桑地諾政權結盟，不僅在東歐國家、甚至在西歐左派分子之間，都會是重新團結的口號。

波內斯基覺得，把史普林斯汀和尼加拉瓜綁在一起，是他

---

1　譯注：伊朗門事件（Iran-Contra-affair），又稱伊朗軍售醜聞，是指 1980 年代中期美國雷根政府利用祕密軍售伊朗以交換美國於黎巴嫩的人質，並且以伊朗的軍售款項非法的資助尼加拉瓜反叛軍。此事被揭露後，造成嚴重政治危機。

最棒的一招。演唱會將以「為尼加拉瓜盡一份心力」（Ein Herz fur Nikaragua）作為口號，這樣對東德政府的准許程序必定大有助益。但波內斯基也感覺到，他那時候不能馬上告訴西德的合作夥伴這件事情。「西德的演唱會經理人了解，我們一定會做點什麼讓共黨統治階層同意這場演唱會，否則他們也明白，根本沒有機會讓演唱會過關，」波內斯基表示：「我們都聽過尼加拉瓜印刷媒體的那個舊傳聞；那就是我們想出這口號的原因。」波內斯基回憶道，當時他在西德的合作夥伴，一開始並不特別想知道他動了什麼手腳讓這個計畫過關。「我明白假如我們直接告訴自由德國青年團，這是『愛情隧道巡迴演唱』的一部分，那根本就連一點機會都沒有。這是我們唯一的機會，我能做的只是希望這能行得通。」

波內斯基如今也承認那是一著險棋，但既然自由德國青年團決定要照亮東德年輕人的生活，他便想提供自由德國青年團必要的說法，來勸服強硬的東德共黨政府允許史普林斯汀開演唱會。「我們抱著一種希望，一旦史普林斯汀發現這件事，或許會接受。」波內斯基說。假如史普林斯汀不接受的話，他們也相信自己應該可以找到一種方式，讓演唱會繼續下去而不惹惱史普林斯汀，同時又能讓東德共產黨的當權者感到滿意。

在那沒有網路、離社交媒體發展尚有數十年之遙的年代，大多數東德的一般人民是沒辦法拿起電話、穿越鐵幕打到西德去的。1988 年，在東德家裡有電話的人甚至是相對少數，這也是極權國家刻意防止異議人士集結勢力的一種計謀。但波內斯基身為肩負重任的共產黨員，在東德政府大樓內被允許擁有一支特別的電話線路，可以打電話到西方。他可以與西德通話，和當地的演唱會經紀人交談。「我問道，是否有可能請史普林斯汀到東德來演唱。他們回電說他們很有興趣，於是我們馬上開始交涉。」

東西柏林雙方演唱會經紀人之間的交涉進展相當快，但方式卻有點彆扭，因為這是兩個完全不同的世界。最重要的問題，例如酬勞問題、以及是由哪一方來興建舞台與照明設備等等，反而相對容易。不像其他西方的場子堅持須以可兌換貨幣來支付費用，史普林斯汀很樂意免費演出。波內斯基說，對東德而言，這可是大大鬆了一口氣。「我們根本沒有任何西方貨幣可以花在演唱會上，而大多數的西方藝人根本不想為東德貨幣而演出。」舉辦演唱會的問題變得相對次要，主要問題在於如何說服東德共黨當權者，讓史普林斯汀前來演唱。

藍道說，史普林斯汀願意免費演唱，而東德會負責演唱會

的費用，建造舞台、提供音響設備。「我記得沒人付錢給我們，」他說：「如果我們有拿到一點錢的話，也只是用來支付演出所需的費用。我真的不覺得我們得到了任何報酬，對我們來說，那不是一次正常的演出。」協助辦演唱會的自由德國青年團領袖羅蘭·克勞斯也證實，史普林斯汀的報酬少得可憐，他說：「我們付的錢非常之少，幾乎等於沒有。」許多西方藝人都會接受一台東德製造的平台鋼琴，或是麥森（Meissen）瓷器作為補償，但克勞斯表示，史普林斯汀並沒有要求那些東西。「史普林斯汀演唱會的交涉絲毫不複雜，沒有什麼落落長的合約，在那些日子裡看到的只有二十五條不同的條款。其中的態度就像是：『就這麼辦吧。』東德方面要負責把舞台和音響設備弄好，我們只需照顧好技術方面的一切。」

自由德國青年團對自己的招數相當得意。和西方藝人接洽演唱會，以往通常是東德藝人經紀部門（Kunstler-Agentur）的責任，那是由國家獨占的事業，負責交涉國際藝人的合約，並確保來到東柏林的外國藝人能接受良好招待、準時開唱，不會節外生枝。但當時自由德國青年團亟欲美化它在德國年輕人心中愈來愈差的形象，所以才在威森斯舉辦夏日搖滾慶典，並且主導邀請史普林斯汀一事。「我們心想，自己只不過是對這個

花花世界發了一份傳真，說我們有興趣，然後看看會發生什麼事。」克勞斯說道，對於自己在自由德國青年團時有多麼天真，展露了一抹微笑。「我們明白，那根本就是亂槍打鳥。就好像是送出一份傳真到月球去，看會有什麼事。但真的有效了！我們都很驚訝，竟然馬上就得到正面的回覆。」自由德國青年團那時運氣還不錯，讓不喜歡搖滾樂的老人同意此事，他笑著說：「我們很幸運，德國統一社會黨高層的老頭子們，並不怎麼了解史普林斯汀。」

要從共產黨（德國統一社會黨）取得所需的許可是一種挑戰（他們統治著東德的一切，對其他東歐國家日漸開放的自由，也早已感到十分不安），但克勞斯設法說服了東德的統治者，表示讓史普林斯汀前來演出是件好事。「我們已經取得一系列演唱會的允許，但是對個別演出，還是要獲得單獨的許可，」克勞斯回憶著德國統一社會黨對威森斯演唱會的嚴加掌控：「很明顯，這並不容易，我們也必須努力爭取許可，但最後總算是成功了。高層人士了解到搖滾樂是國際性的，如果東德想要做些什麼事情來改變年輕人的命運，就一定要有所嘗試。」

祕密警察也對演唱會的計畫保持高度關切。祕密警察的紀錄顯示，東柏林討論史普林斯汀演唱會的第一場會議，是在

1988 年 6 月 29 日舉行的。報告中規勸，不可立刻公布演唱會日期，否則可能會在東德造成更長期的干擾，並建議先在東柏林的中心某處[2]展開預售票的販賣。

祕密警察的紀錄也顯示，東德共產黨的中央委員會將票價訂在二十東德馬克，並預期將會有一百萬東德馬克的收入（依照官方匯率，大約為五十萬美金）。扣掉支出之後，剩下的將捐贈給尼加拉瓜團結基金會，還有位於馬拿瓜[3]的「卡羅‧馬克思醫院」（Carlos Marx Hospital），這是以共產主義哲學家卡爾‧馬克思（Karl Marx）來命名的。這家醫院創立於 1985 年，是與東德的合作計畫之一。德國 1990 年統一之後，這位德籍猶太人、同時也是「共產宣言」作家的名字就被悄悄放棄了，醫院改名為「德國－尼加拉瓜醫院」（Hospital Aleman-Nicaraguense）。

東德一直到史普林斯汀演唱會的 7 月 19 日前一週，才正式公布這場演唱會的訊息。東德官方新聞社 AND 上的消息寫著：「自由德國青年團的第五場夏日搖滾演唱會系列，即將在 1988

---

2　即位於普倫茨勞堡的運動場韋納－瑟林班德大廳（Werner- Seelenbinder Halle in Prenzlauer Berg），如今已不復存在。

3　譯注：Managua，尼加拉瓜的首都。

年 7 月 19 至 24 日舉行。這將是一場與尼加拉瓜反帝國主義團結結盟的運動。7 月 19 日的開場表演，將會由布魯斯・史普林斯汀與 E 街樂團（美國），在柏林－威森斯的自行車場帶來一場四小時的演唱會。」先不論把聲援尼加拉瓜強加到演唱會上這件事，對於那些最初就是障礙並可能會取消表演的共黨當權者來說，這樣的結果已經算是可以接受了。

▲康妮‧胡達（Conny Rudat），婚後改姓鈞特（Günther）。1988 年時擔任
史普林斯汀兩天的翻譯。在這張近照中，她拿著一張簽名專輯，並身著史
普林斯汀送她的「愛情隧道巡迴演唱」運動衫。

Man I ain't getting nowhere, I'm just living in a dump like this

*— Dancing in the Dark*

第五章

圍牆內的旅程

嘿，我並不是一事無成，我只是活在一個這樣的垃圾場裡

——〈在黑暗中跳舞〉

要使東德的統治力量同意讓史普林斯汀這樣的美國搖滾歌星前來演唱，絕不是一件容易的事，即使是在 1988 年東德政府對搖滾演唱會的態度明顯解凍的情況下也是一樣。不過，東德政府卻也亟欲避免 1987 年（也就是一年前）在柏林圍牆爆發的那場難堪暴力事件再次重演──當時東德警方使用武力毆打了好幾百名想要靠近圍牆、聽西柏林演唱會的樂迷。政權中的某些進步分子贊成引進西方樂團，讓亟欲親眼看到、聽到他們的東德年輕人能一親芳澤。至於那些西方樂團，也很想要在鐵幕的另一頭接觸新的樂迷。

　　「那時的想法是，我們要讓一些西方音樂家進入東柏林，

藉此釋放逐漸升高的壓力。」演唱會發起人傑洛‧波內斯基說道。所以，東德開始引進愈來愈多的西方表演——雖說東德缺乏可兌換貨幣的問題，使得他們和許多最受歡迎樂團的交涉停滯不前。舉例來說，滾石合唱團直到 1990 年 7 月貨幣統一（Wahrungsunion）之後的六個星期，才前往東柏林演出（當時東德人才能以東德馬克與西德馬克交易），於是樂團可以把演出費用換成西德貨幣。一萬八千名滾石合唱團演唱會的購票者，每個人都為 1990 年 8 月 13 日在威森斯的演唱會付出了約四十三馬克（約二十一美金），而兩年前史普林斯汀的演出，大約有十倍、甚至二十倍之多的聽眾。

然而，並非所有的西方表演者都在等待演出。巴布‧迪倫（Bob Dylan）1987 年 9 月 17 日出現在東柏林的特雷普托公園（Treptower Park）演出時，彷彿就是東德改變的預兆。1987 年時迪倫已經四十六歲，因為抗議越戰的歌曲而在東德大受歡迎，例如〈隨風飄逝〉（Blowin' in the Wind）、〈時過境遷〉（The Times They Are a-Changin'）等。但是當晚在柏林看過那場乏善可陳演出的人們卻說，那場表演非常令人失望，迪倫毫無鼓舞人心的效果。他也沒有全心投入，在一個小時多一點的時間裡，表演了十四首歌，然後就在吝於揮手道別的狀態下匆忙離去。

在東德人還在鼓掌要求再來一曲時，他不但沒唱安可曲，甚至已經離開會場了。

接下來的幾個月間，東柏林的西方表演愈來愈多。1988 年 3 月 7 日，英國樂團流行尖端（Depeche Mode）在東柏林的一個小型室內場地演出，名義是慶祝自由德國青年團三十週年紀念。1988 年 6 月 1 日，喬·庫克（Joe Cocker）在威森斯的露天場地，為八萬名聽眾演唱。如同之前所提到的，麥可·傑克森在西柏林的國會大廈前演唱的同一天晚上，布萊恩·亞當斯在威森斯開露天演唱會，約有十二萬名聽眾到場。東柏林的演唱會很受東德年輕人的歡迎，看起來就像是狀況終於有了改變，國家正在往好的方向前進。但這一切，都無法和一個月後，也就是 7 月所發生的事情相比擬。

史普林斯汀在 1988 年 7 月 18 日的演唱會前一天抵達西柏林，與他隨行的共有二十五名隨從，包括經紀人、樂團成員、巡迴演出的工作人員等。他飛抵西柏林的主要機場——泰格爾（Tegel）機場，這是 1948 年冷戰剛開始時，在城內迅速建立

的起降場地。而滕珀爾霍夫（Tempelhof）機場則是柏林市著名的盟軍空運機場，在蘇聯封鎖從西德通往西柏林的所有道路期間，為西柏林提供糧食、燃料和煤；有些美國、英國和法國飛機也在泰格爾機場起降，藉此維持西柏林的物資補給，並防止它落入共產黨手中。

史普林斯汀驅車跨越西柏林，來到主要的東柏林邊界跨越點──弗里德里希大街（Friedrichstrasse），它也常被稱為「查理檢查站」，前往他位於跨越點附近幾個街口外的東柏林旅館。東西柏林曾是同一個城市，但在數十年的區隔之後，東柏林卻彷彿是另一個東方星球；穿越西柏林多采多姿的街道後，來到共產東柏林那單調乏味、了無生氣的街頭，馬上會讓人感受到冷戰所帶來的寒意。史普林斯汀到達之前，東德藝人經濟部門已經對弗里德里希大街的警衛下達警示，要求那些平時粗暴沒人性的保安探員，必須要禮貌友善。

史普林斯汀與工作人員下榻在柏林大飯店（Grand Hotel Berlin），這是一棟位於菩提樹大道與弗里德里希大街路口的建築。柏林大飯店是位於東柏林心臟地帶的一座奢華宮殿，擁有三百五十九個房間，並為支付可兌換貨幣的有錢旅客（換言之就是西方人）預留豪華套房。當時住一晚的標準價位約是兩

百七十德國馬克，官方匯率為一百三十五美金，差不多就是德意志共和國官方所公布東德人的平均月薪，只是東德的貨幣在那裡根本不被接受。

東德利用它那些屈指可數的豪華、一流飯店，從外國觀光客身上賺取可兌換貨幣，例如德國馬克、美元、英鎊、法郎、日圓等等。柏林大飯店就是其中之一，它興建於 1987 年，地點就在弗里德里希大街與菩提樹大道的十字路口。二次大戰前，那個地點是克朗茲勒餐館（Café Kranzler），對面則是鮑爾餐館（Café Bauer），都是藝術家與觀光客的熱門地點。在克朗茲勒隔壁，則是「凱澤藝廊」（Kaisergalerie），這是一棟有三層樓、玻璃天花板的室內商場，附設音樂廳、劇場、蠟像博物館。這塊街區在 1944 年被徹底炸毀，建築殘骸空蕩蕩地聳立在那裡，直到 1957 年，德意志共和國才終於清理了這塊地。將近三十年之後，這塊地成為新飯店的地點。作為東德的驕傲，它在 1987 年由東德統治者昂納克親自主持了盛大的開幕儀式。如今，它被稱為柏林威斯汀大飯店（Grand Westin Hotel Berlin），仍擁有德國最美麗的飯店大廳，燈光明亮、寬廣的空間充滿了吊燈，還有富麗堂皇的階梯，引人往上進入樓廳與客房。

1988 年 7 月那個下午，史普林斯汀精神奕奕地抵達東柏林。

自從 1981 年到訪過後，他便一直很期待有夢想成真的機會，但是他的好心情很快就消失了。抵達東柏林不久，他和經紀團隊便（偶然地）發現共產黨把這場演唱會當成是支援尼加拉瓜的宣傳。

藍道還記得，他和史普林斯汀坐在柏林大飯店那豪華的大廳裡休息時，終於發現了尼加拉瓜這碼子事。「我們在演唱會前一天到達，和許多負責演唱會、搞定各種事情的德國人見面，我記得布魯斯和我坐在大廳的一張沙發上閒聊著，有個很和善的年輕人走過來說：『我代表共產黨的青年組織，要感謝布魯斯這場反對美國在尼加拉瓜開戰的演唱會。』」藍道說：「問題是，我們根本從來沒聽過這回事，這並不是我們來這裡演出的目的。」

這個發現很令人心煩，又是在演唱會的前一天。史普林斯汀很不高興，擔心這場自己期待已久的演唱會就這樣變得岌岌可危。藍道的職責就是要處理這一類的問題，因此他馬上想搞清楚這是怎麼一回事。「我到旅館裡面找到另一個比較年長的人，問他可不可以看一下演唱會的票，真正的那張票。然後那就在上面。」票上面印著：「為尼加拉瓜而唱」（Konzert fur Nikaragua）。藍道十分震驚，告訴一個東德官員這樣行不通。

他告訴他，史普林斯汀從不讓自己的音樂為任何事物背書。「我看到演唱會門票上就那樣大剌剌地寫著尼加拉瓜的事情時，我就說，任何與此事有關的事物（海報、T恤等等）都絕不能出現在演唱會現場。」藍道說。慌張的東德官員想叫藍道冷靜下來，便指出在東德，演唱會或是大型活動附上某種援助、或世界和平的訊息，都是極為自然的。他告訴藍道，在東德這只是某種標準的援助訊息，一定會被加到演唱會上頭，而根本沒有東德人會去注意這種標語。那個東德官員說：「喔，別擔心，這在東德根本不會被當一回事；這就好像在美國說『為百事可樂而唱』一樣。」藍道說，過了二十五年，他還是聽不出來這位東德共產官員講的話有何幽默之處。「我說：『這個嘛，你要搞清楚，首先我們根本也就不會做那種事。』我告訴他，這樣是不對的。」藍道持續對東德人施壓，叫他們搞定這個問題，而且要儘快。

在這神經緊繃的好一陣子裡，這場演唱會彷彿即將被取消了。把史普林斯汀當做宣傳工具，對他所代表、所信仰的一切，根本就是一種詛咒。共黨東德政府對此可說是大大失算，他們根本就不知道就在幾年前，史普林斯汀才拒絕了克萊斯勒汽車（Chrysler）付出一千兩百萬美元、使用〈生在美國〉作為活動

歌曲的提議，他絕不可能讓自己作為東德的宣傳工具。雖說史普林斯汀真的很想在東柏林演出，但也不可能讓自己變成為尼加拉瓜背書的一部分。藍道說，他其實沒有真的想做到把演唱會取消的地步。但他進一步表示：「我不介意讓那些東德工作人員以為我會取消演唱會——如果這樣可以確保他們盡力去撤銷與尼加拉瓜相關的一切的話。」除此之外，藍道在事後這半個世紀裡也觀察到，他們都明白，史普林斯汀擁有最終在舞台上的發言權（麥克風就在他手裡），可以藉此澄清他來到東柏林的真正原因。

　　不過，這緊張的氣氛很快便煙消雲散，因為尼加拉瓜的相關標示大多被很快地移除了。藍道說，憂心忡忡的東德當局，如他所願地回應了這件事。「我們必須要以自己能接受的方式，來解決這個問題，也真的辦到了。東德青年組織的頭頭，是個非常專業的人，他發現有問題的時候，就採取了非常實際的行動。他把手下最頂尖的人，和我們最頂尖的人在演唱會前一天送出去，幫忙把所有宣傳材料都移除了。我們把所有與尼加拉瓜有關的標牌都拿掉。東德官方聽過我們的解釋之後，對此非常包容。」

　　然而，當時為時已晚、無計可施的是那些已經印好的門

票，上面寫著「為尼加拉瓜而唱」的字樣，也已經賣出去、發到十六萬個人手上了。當時檯面下的情況看起來是如此的嚴峻，甚至連西德的承辦人葛文斯基都一度以為這場演唱會要作廢了。「那些管理人員的第一個反應就是：『我們要走了。』」葛文斯基說：「藍道想要馬上離開，打包行李走出那兒。但史普林斯汀卻比較想留下來，並不想走。」

康妮‧胡達是記得那些因贊助尼加拉瓜問題所造成緊張時刻的東德人之一。當時這位二十八歲的單親媽媽，被指定來當史普林斯汀的翻譯，同時也兼任東德藝人經紀部的聯絡人。如今她在柏林為《經濟學人》（*The Economist*）期刊撰稿，並再婚改名為康妮‧鈞特（Conny Günther）。東德總是出於各種原因，想爭取西方藝術家對他們的支持，鈞特說這似乎只是另一種想讓社會主義烙印在這場表演上的標準企圖。「可以看得出來，史普林斯汀真的很想繼續把演唱會辦下去，」她回憶道：「他不想過度涉入經紀人的那場紛爭，他從頭到尾都保持得很冷靜。他很輕鬆，似乎就是很想辦演唱會而出現在那裡。」

那也正是東德的主辦人傑拉德‧波內斯基所希望的。波內斯基聽到史普林斯汀的巡迴演唱經理正要親自前來看個究竟時，他正在威森斯的場地忙著準備，而且史普林斯汀的經理人

正因知悉尼加拉瓜的事件而非常困擾。波內斯基知道，說真話的時刻來了，他必須快點想個辦法。

「我們處於驚慌的狀態，」波內斯基承認：「我們很怕巡迴演唱經理會來，看到這些橫幅招牌，然後就轉身開車回到飯店，停止這一切。我們很怕演唱會被取消。」在那時候，離演唱會只有一天多一點，因史普林斯汀而起的騷動已經在全國各地蓄勢待發。成千上萬的人從東德的四面八方湧來（來自北方波羅的海海岸、東方的波蘭邊界、南方的捷克斯洛伐克、以及西方的西德），這些人都開始動身前往柏林，隔天還會造成嚴重的交通堵塞。

波內斯基知道，史普林斯汀的巡迴演唱經理只要花二十分鐘、開六英里的車，就可以從東柏林市中心的柏林大飯店來到威森斯的演唱會場地。他很快地想了想，然後叫幫手把那掛在舞台上方與旁邊的巨大「為尼加拉瓜獻上一顆心」（Nikaragua im Herzen）橫幅廣告先拿掉。接著史普林斯汀的巡迴演唱會經理和自由德國青年團的官員也來到現場，幫著把所有剩下的海報、標誌通通撤除掉。

「最重要的，就是把舞台上的橫幅廣告拿掉。」波內斯基說，他已經準備好面對遲早都會發生的尼加拉瓜衝突問題。

若是把這巨大場地四周掛著的桑地諾海報全部撤下，演唱會似乎就得救了。他承認自己實在太過天真。「但是假如沒有『為尼加拉瓜獻上一顆心』這種說法，我們知道自己根本無法獲准的。」波內斯基回憶道：「我們知道這違反了合約，但總是要有所嘗試。」

萊因哈德‧海納曼（Reinhard Heinemann）是當時東德藝人經紀部娛樂部門的領導人。他以史普林斯汀的名義，停止了東德共產黨當局的干預，並告訴他們這些標誌並非事先協議的一部分，因此應該被撤除。海納曼說，當局同意他的說法，因此移除橫幅廣告就變得不是問題了。「每個人都知道，在東德，想要使一場演唱會獲准，總是要搞一些小把戲——要嘛把它叫做『世界和平演唱會』，不然就是『為尼加拉瓜而唱』之類的。」海納曼說，當時他三十九歲，目前在柏林的普倫茨勞貝格（Prenzlauer Berg）區經營一家集郵商店，「對我們來說根本不是什麼大問題。但是事前應該要說清楚，這次卻沒有。」

儘管史普林斯汀與藍道直到演唱會前一天才得知，東德想要把演唱會搞成一場援助尼加拉瓜的演出，但一份日期標示為演唱會五天前的祕密警察報告卻顯示，東德顯然指望史普林斯汀能以尼加拉瓜的名義演出。他們根本就只是在愚弄自己。祕

密警察檔案中的這份報告宣稱，有一位來自文化部的自由德國青年團領導人，於 7 月 12 日與史普林斯汀的經紀人在西德法蘭克福會面。「根據這位同志的意見，東德的青年將擁有一份無價的藝術與音樂體驗，史普林斯汀和他的隨行樂隊都非常期待，」祕密警察在一份標為 1988 年 7 月 14 日，交付給中央部門 XX/2 的報告上如此寫著：「藝人已經獲悉演唱會的政治層面（援助尼加拉瓜反帝國主義），並且加以接受。」

這份報告就如同許多祕密警察文件一樣，從頭到尾都是虛構的。雖說東德人很快就設法移除東柏林的演唱會宣傳物，但要改門票已經太遲了，因此這個事件依然縈繞在空氣中延續到演唱會時，也更強化了史普林斯汀端正視聽的心願。

▲官方「愛情隧道巡迴演唱」T恤。

Lives on the line where dreams are found and lost
I'll be there on time and I'll pay the cost
For wanting things that can only be found
In the darkness on the edge of town

*— Darkness on the Edge of Town*

第六章

奇異歲月

生活在夢想出現又失落的邊緣
我會準時到達，支付代價
為了那些只能在此尋回的想望
在這城市邊緣的黑暗之中

——〈城市邊緣的黑暗〉

史普林斯汀與藍道處理了尼加拉瓜事件後，「老闆」和他的樂團都想快點利用他們在東柏林的這兩天，多多少少在城裡四處逛逛，雖然那些東德政府的陪同者總是近在咫尺。「我們有機會可以四處走走，看看人們，」藍道充滿感情地回憶著那段離柏林圍牆倒塌前不久的關鍵時刻、身處東柏林的經驗：「有許多改變正在發生，到處都看得見。彼時彼刻，我們在那裡當然是很興奮，在東柏林的那幾天，是一次大開眼界的經驗。」

　　一如往常，史普林斯汀亟欲了解東柏林的生活樣貌。他帶著女友派蒂·席法和來自東德藝人經紀部的康妮·鈞特，花了好幾個小時四處兜轉。鈞特記得，大多數時間她都說個不停，

因為史普林斯汀源源不絕地問她各式各樣關於這個國家與她生活的問題。「他對東德的生活究竟如何、以及我是怎麼在鐵幕之後過日子的，真的都非常感興趣，」鈞特表示：「他對東德抱持開放態度，並不會特別否定它。他告訴我，他在報紙上讀到對東德生活的形容，都是『悲慘的』、生活是『灰色的』。然後，突然間有一個東德年輕女人跑過來對他說：『不，才不是全都那麼悲慘呢！我們也有自己的美好時光。』」

鈞特記得，史普林斯汀對一般東德民眾的生活特別好奇。「他真的對這很有興趣，也非常想要更深入了解。他猜想，我們都有自己的好時光和壞時光。他問了我許多事情，例如：我的公寓有多大？在東德謀生容易嗎？我住在共黨國家會不會覺得悲慘？以及我在哪裡學英語的？還有我為什麼可以在鐵幕之後學英語、又從未到過任何一個說英語的國家旅行？」她說。史普林斯汀似乎對德意志民主共和國的狀況非常著迷，「他問了我一大堆關於單親媽媽在東德的問題。要兼顧工作與母職是否很困難？我帶著四歲兒子又是如何全職工作的？我告訴他我們有日間看顧中心。他問我，是否相信當局告訴我們的一切、以及報紙上所寫的東西。我對他也很坦白，告訴他當然不信，我不相信他們告訴我們的所有事物，但我說，我的職位有特權，

因為我都是與外國旅客一起工作。我告訴他這些，因為我很清楚我們一直都在聽著謊言。」

　　鈞特與史普林斯汀之間發展出一種坦誠的友誼，並在兩人相處的這兩天之中非常直率地交談。史普林斯汀甚至問她，是否曾想過要逃離東德——要是讓祕密警察或非正式的東德情報線人聽到這個問題，便可能會讓她惹上大麻煩。但她憑直覺知道，和他談話是很安全的，因而信心十足地給了他誠實的答案。「我告訴他，在這個階段，不會，因為氣氛已經在改變，我們有一種感覺，有什麼將要改變，會讓我們的生活更好過一些。」她回憶著：「我告訴他，我們第一個夢想就是要能夠到其他西方國家去旅行。我告訴他，我並不是真的想離開東德，只是希望能有更多旅行、有更多的自由，我曾希望當上英文口譯員，讓我可以四處旅行。他並未勸我前往西方國家，或告訴我那裡比東方國家好。我們也談了許多政治議題，他說，美國也沒有好到哪裡去。」

　　她也告訴史普林斯汀她在蘇聯留學的經過：「我在莫斯科住過一年。他對這一點大感興趣，我還記得他甚至有點嫉妒我。感覺就像是：『喔，妳到俄國過了一整年？那有多酷啊！』」鈞特還記得，她們共度的時光就像是一場充滿啟發的思想交流。

史普林斯汀送給她一張親筆簽名的《愛情隧道》專輯唱片，還有一件巡迴演唱會的 T 恤，她珍藏至今。

　　巴伐利亞藉的喬治・葛文斯基是史普林斯汀的司機暨兼職翻譯，他也和史普林斯汀與派蒂・席法在演唱會前，開車在東柏林市區繞了幾個小時。他還記得，史普林斯汀與席法初墜愛河，花了許多時間在他賓士車的後座互相擁抱。不過，他們也不斷停下來看看這個城市更為破舊的一面，遠離市區那些東德政府刻意保持煥然一新、展現給西方人看的觀光大街（東德政府藉此證明鐵幕生活並沒那麼糟）。葛文斯基還記得，史普林斯汀突然在東德一個街角看到一間唱片行，就叫他停車想要進去看看。

　　「於是我們就把車停在唱片行前面，走了進去，」葛文斯基說：「布魯斯四處看看唱片架，突然之間，老闆跑到我們這邊來。他一句英文也不會講，於是我得告訴他，布魯斯只是在四處看看。老闆突然要求布魯斯到他店鋪後方的辦公室去一下。我可以感覺得出來布魯斯不太樂意，於是他問我，那個老闆想幹嘛？那個老闆說，他只是想跟他聊幾句話。於是布魯斯說：『好吧。』我們走到後面，老闆拿出一張私人的史普林斯汀專輯，請他簽名。專輯是非賣品，但他有一張，也只是想要個簽

名而已。而且老闆得偷偷這麼做，不然店裡要是有別人看到，就會知道他有一張專輯。一切都很詭異。」

葛文斯基說，史普林斯汀也在菩提樹大道走了很長的一段路，那是柏林中心東南方最主要的大道。1988年時，菩提樹大道會直接通往布蘭登堡大門和柏林圍牆——這裡被警衛封鎖了一般民眾的去路，同時也是1987年東德警方以暴力驅離想聽圍牆另一側音樂會民眾的地點。在史普林斯汀四處走動時，終於有機會和幾個人交談。在某處，史普林斯汀走進另一家飯店、看看裡面的古董店。「店員大約二十歲，當他看到面前站著的竟然是史普林斯汀時，全身都開始顫抖。」葛文斯基一面回憶、一面開懷地笑著。

藍道也離開飯店，在東柏林四處晃晃。他回憶道：「我遇到一些非常有趣的人，並感覺到在某種很基本的層面上，這裡已經不行了。」在某個地方，他和一些年輕的自由東德青年團成員有了一場詭異的討論；對方宣稱像《朱門恩怨》（*Dallas*）[1]這類的電視劇，只是西方故意製作的宣傳品，並帶有惡意地刻意放送到東德來，給人民一種錯誤的印象，使他們誤以為每個

---

1　譯注：美國極受歡迎的電視影集，由1978年開始播出，至1991年才停播。

美國人都和《朱門恩怨》裡的角色一樣富有。「我遇到的各式各樣人們，都有極為特定的黨派界線，」他說：「對我們來說，這是非常沉重而且疏離的。」

在柏林大飯店方面，則總是有一大堆記者和東德歌迷在外頭群聚，等著想要看史普林斯汀一眼、向他要個簽名，或做個訪問。迪崔許・布魯（Dietrich Blume）在 1988 年時三十三歲，擔任柏林大飯店的門房。「演唱會前一天，一群記者在外頭揮之不去，他們想知道史普林斯汀為何要來東柏林，」布魯回憶道：「於是，史普林斯汀乾脆自己走出去，告訴他們：『這裡的人有聽好音樂的權利。那就是我來這裡的原因。』對我來說，這答案超酷的，他就這樣走出去很自然地告訴他們。他對他們說，自己來此並無理由，他不會讓任何人使用自己的名字，或讓他自己被任何政治目的所利用。他只是告訴他們，東德的人有聆聽好搖滾樂的一切權利。」

史普林斯汀試著要維持自己那樸實的風格，但他也非常了解這種特殊的情況。稍後，他在一場東德的電視訪談中，談到自己在東柏林的經驗，還有演唱會前在外頭走來走去、開車兜風的事情。DDR2 電視網在 7 月 19 日播放了很長一段的演唱會，並且在中場休息時，播出了史普林斯汀在後台的五分鐘訪談。

那場訪談中，史普林斯汀告訴電視機前的觀眾，他在 1981 年的時候來過東柏林，從那時起他便很想再次回到這個城市，為東德人民開一場演唱會。「這是我長期以來一直放在心上的一件事，」他說，並對於東德政府這麼快地接洽他、允許他開演唱會，感到相當興奮。他也明白，從 1981 年第一次訪問東德之後到 1988 年間，已經發生了許多變化。「對我來說，這次與 1981 年時比起來，比較沒那麼慘澹。即使是街上的人也一樣，生活豐富了一點，也變得比較多彩多姿。目前為止，我相當喜歡東柏林。」史普林斯汀面帶燦爛微笑對電視記者這麼說：「來到這裡真的很棒。我很高興我們能有機會來此……每位參加演唱會的聽眾，以及使它成真的人們，真的都棒透了。一切都很美妙。」

▲▲1988 年，舞台上的布魯斯・史普林斯汀與 E 街樂團。
　▲1988 年的傑拉德・波內斯基。

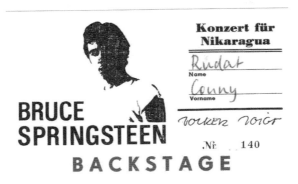

▲康妮・胡達的後台通行證與貼紙。

Lying out there like a killer in the sun
Hey I know it's late, we can make it if we run
Oh Thunder Road, sit tight take hold, Thunder Road
Tonight we'll be free

*— Thunder Road*

第七章

直搗黃龍

如陽光下的殺手般橫陳於地
嘿，我知道已經太遲，開跑或許能趕上
在那雷霆路上，坐好抓緊了，雷霆路
今夜我們將自由

——〈雷霆路〉

1988 年 7 月 19 日中午之前，東德有史以來數量最龐大的演唱會群眾，開始陸續抵達威森斯的場地，那是東柏林東北方的一個住宅區——此時距離演唱會開始還有七小時之久。那是個溫暖的夏日，氣溫在稍後的下午將會達到華氏八十度（約攝氏二十六·七度）。成千上萬的歌迷在沒有遮陽棚的場地外頭等待著，於是大門比預計的下午兩點十分還早很多便先行打開了。祕密警察對當天在現場所發生的事情有著詳細記錄，並記下在午後四點時已經有五萬人在此——當時離演唱會還有足足三個小時之久。

　　演唱會場地是威森斯一塊面積達五十五英畝大的公園土

地。其中有一塊樹木成排、鋪著草皮的地方，在 1878 至 1912 年間曾是熱門的賽馬場，名為「馬具賽道」（Harness-racing Track, Trabrennbahn）。二次世界大戰後，賽馬跑道被改建成一個巨大的自行車場地，有部分原因是因為共產東德對賽馬這種運動不甚喜歡，覺得它代表了一種菁英主義，而賭博在東德也引人詬病。威森斯自行車館（Radrennbahn Weissensee）包含了自行車道與體育館，於 1954 年在這塊五十五英畝場地的南方興建完成，容量可達九千人。雖說柏林有許多街道在上個世紀裡改了好幾次名字，端視當時的統治者是皇權、威瑪共和國、納粹、共產主義或民主政府，但這塊場地前方的街道，卻始終保留了「賽馬場大道」（Rennbahnstrasse）之名。

演唱會場地非常的基本，就是一塊毫無現代設施、也毫無特色的廣闊場地。只有一個主要的影像銀幕，設置在離舞台八十英尺的地方，如此在後方的人也至少可以看到些什麼。還有兩個比較小的銀幕，設置在舞台的兩側。這都是些粗製濫造的東西，因為冷戰期間，在東德是找不到什麼先進科技設備的。於是，當地的主辦人打游擊般地盡力而為，把這些巨大的音響、影像設備弄齊。舉例來說，舞台就是用其他城市裡拆掉的一座鐵橋的零件建造而成的。銀幕牆實在太陽春，所以起初舞台上

的情況和銀幕上出現的影像，還會有一秒鐘的延遲——根據東德主辦方的說法，這個差距讓史普林斯汀覺得很困擾。但是以1988年的水準來說，這仍是個神奇的地方，也沒人會對缺乏物資享受而提出控訴。這些人都是來體驗史普林斯汀的，對其他的一切似乎都毫不在意。

1988年7月19日，從午後到臨近傍晚時，群眾數量愈聚愈龐大，甚至連史普林斯汀和他的樂團都沒辦法準時到達七點開唱的現場。祕密警察的檔案紀錄寫道：「晚上六點時，群眾仍如計畫中，毫無意外地擠進這個搖滾演唱會的場地，只有少數偶發的混亂事件。根據目前的估計，人群數量大約有七萬人。」

成千上萬的東德人自全國各地湧入東柏林，從其他東德城市例如萊比錫、德勒斯登、馬德堡（Magdeburg）、科特布斯（Cottbus）、卡爾－馬克思城（Karl-Marx-Stadt）、新布蘭登堡（Neu Brandenburg）、波茨坦（Potsdam）、哈勒（Halle）、艾福特（Erfurt）、耶拿（Jena）、蘇爾（Suhl）、羅斯托克與斯威林（Schwerin）等地來到這個首都。他們開著濺滿泥漿的特拉班汽車，或塞在擁擠的火車車廂來到這裡。有成千上萬人從星期二就蹺班或蹺課，開始動身前往東柏林。之後有一份東

德報紙報導，那不僅是東柏林史上最大型的一場演唱會，同時也引起了國內有史以來最嚴重的一場交通堵塞。

事實上，威森斯區演唱會場地四周的道路通通都打結了，街上一片混亂，就連要把史普林斯汀載到演唱會現場的車子，都沒辦法穿過警察設的路障。司機喬治‧葛文斯基沿著住宅區寸步難行之際，被一個東德警察攔下來，叫他掉頭離開。「我試著要告訴那個東德警察，我不能掉頭離開，因為史普林斯汀在我車上，而且他一定要到達大家都正要去看的演唱會現場，」葛文斯基笑著回憶道：「但那個警察說，他才不在乎車上載的是誰。」但就算葛文斯基願意，他根本也沒辦法調頭，不過很幸運地，路障打開了，載著史普林斯汀的車子終於獲准穿越。

來到現場的人遠比賣出去的門票數還要多得多。演唱會只印了十六萬張門票，其中有六萬張是用來分發給共黨青年組織——自由德國青年團的相關人士或團體，另有兩萬張則給了柏林的公安機關，讓他們販售或分發；還有兩萬張則留下來，預備在演唱會當天現場發售；最後還有「另外保留的兩萬張，以防當天年輕人的需求太過踴躍」，自由德國青年團在一份關於演唱會的報告中這麼寫著。這麼想是很聰明的，但還是不夠。演唱會的票定價二十東德馬克，結果飛快售罄，但沒票又想來

看的人更多，大家都想進入演唱會現場。門票印在很普通的紙上，雖說東德的影印機都有嚴格的管制、而且數量稀少，但門票還是不難影印。於是成千上萬的假票漫天飛舞。

即便沒買到票的人也加入了那群歡欣鼓舞、前往柏林的年輕人群，心中抱持著自己仍能進得去的希望。威森斯演唱會場地四周的街道，從下午就被開心的人群塞得滿滿的，他們成群結隊到處亂逛，想要靠近會場、或是想辦法弄到一張票。芮亞‧柯奇（Ria Koch）在 1988 年時，是個二十二歲的醫科學生，如今已是一名麻醉醫師，她說自己沒有演唱會門票，但還是搭了兩個小時的火車，和朋友從帕塞瓦爾克（Pasewalk）的家裡來到東柏林，希望能擠進去。

「我一聽說史普林斯汀要來東柏林，就知道自己非去那裡不可。」她說：「我們看到一個隊伍，就排進去了，東德人對於耐心排隊是很有經驗的。風平浪靜了一段時間，但突然有個人說已經沒票了。之後，整條隊伍就開始快速往大門口前進。就好像一大群牛隻，動作愈來愈快。我們跑了一陣子，看到一個脆弱的賣票小亭子已經被摧毀了，那一帶附近遍地都是碎木頭。看起來售票亭已經被撞倒，我們已經在場內了。更前面一點的地方還有第二控制點，但是他們只檢查了我們的背包；在

那個檢查站，沒人會問我們的票。我們就這樣驚奇地通過了大門，走了進去，而且根本沒買票。那是一種神奇的動力，不知道從哪兒憑空冒出來的。我們有很多人遠道而來想聽演唱會，也下定決心要闖進去。走了那麼多路之後，我們只是想聽聽音樂，沒什麼可以阻擋我們的。」

　　許多當時在現場的東德人表示，他們有種感覺，這可能是自己的第一次、也是最後一次見到像史普林斯汀這種人，於是下決心一定要嘗嘗這種滋味，以免國家開放只是虛晃一招而已。誰知道這種解凍會在東德持續多久？誰知道戈巴契夫會不會被強硬派扳倒，然後像 1953 年在東德、1956 年在匈牙利、1968 年在捷克斯洛伐克一樣，無情地打擊這些開放？

　　現場還有七十四名外國記者。其中之一是切諾・喬巴提（Cherno Jobatey），1988 年時，他為西德週刊《時代》（Die Zeit）與《監察者》（Der Tagesspiegel）工作。「我是個菜鳥記者，只是想辦法要打入業界，」喬巴提回憶道：「那時候我算是某種先驅，因為我是東德唯一的黑人記者。我運氣很好，報紙叫我去採訪。」喬巴提目前已經是德國最重要的新聞主播之一，他還記得當時從最近的東德車站，有一條長長的人龍直接通到演唱會場。那天晚上的氣氛與眾不同，四下都是成雙成對的情

侶，我想有很多人在當天晚上邂逅了新的戀情。東德人在性愛方面，名聲一直都相當失敗，而那天晚上似乎發生了不少事。」喬巴提說。

威森斯的氣氛一定與 1969 年 8 月在紐約州北部舉辦、長達三天的愛與和平傳奇演唱會——胡士托音樂節（Woodstock festival）的情緒非常類似。「當時的氣氛極為神奇，有種一輩子只有這一次的感覺。他們並沒指望會有那麼多人出現在現場，但整個場地都塞爆了，」喬巴提說：「很多人都甘願走好幾個小時到那裡去。」

布吉・華特是《柏林日報》的記者，她記得當時擠到不行，動彈不得，於是爬到一個垃圾桶上，以便看得更清楚一點、也讓自己喘息一下。「那是一場神奇的音樂會，大家都已經嗨到最高點了。」華特說。在東德的報社工作，意味著她不能對演唱會暢所欲言，因為共黨的審查系統會扼殺掉她的報導，那也表示她的記者生涯就這樣完蛋了。「我不能寫自己想寫的東西，我不能寫來音樂會的人幾乎都想去西方，或是自由德國青年團辦的這場演唱會，是為了防止年輕人大量申請離境簽證、成群離開；我也不能寫自由德國青年團其實把這場演唱會辦得很爛，在後面的人可能根本什麼都聽不到。我也不能寫當時在東德一

切不滿的情緒。」她說。然而華特仍然對這篇只能聚焦於音樂的報紙文章感到滿足。「那就是一場偉大的演唱會。對東德人來說，能看到一位世界級的巨星站在自己的舞台上，是一次超棒的經驗。現場有那麼多的人，當時那裡成了一整個社群。人們開始想著：『嘿，我們是有力量的，或許我們能達成些什麼目標。』」

　　東德主辦者稍後承認，可能有至少二十萬、甚至三十萬人擠進場地裡看演唱會，有些人估計有五十萬人來到這裡。羅蘭・克勞斯為自由德國青年團主持場地的安全，他說這是東德有史以來最大的集會，來的群眾之多甚至連當局都不敢公布實際人數。「很有可能至少有三十萬人，甚至更多，」克勞斯表示：「官方公布的數字其實比較少。但實際的數目無法公布，因為我們根本未曾獲准讓這麼多人來到現場。我們知道，自己要是真的說出有多少人在場，就會惹禍上身。」

　　克勞斯說，由於壓力太過龐大，使得自由德國青年團在某個時間點決定把所有大門都打開，推倒所有柵欄讓每個人都能進來──不管他們有票沒票。根據克勞斯的說法，自由德國青年團很擔心有人會因為人群踩踏而受傷，因此叫招待人員打開所有大門，防止人們衝撞。「我們的安全柵欄很有問題，」他

說：「我們只好把它們拔掉，這樣大家才進得來。假如一直關著的話，可能會造成嚴重的群眾失控問題，有些人可能會受到重傷。」克勞斯認為拔掉障礙物的決定很值得稱頌，不但極為特殊、同時也是有爭議的。他說，自由德國青年團必須在共黨領導人面前自我答辯，因為演唱會是他們主辦的，所以要為演唱會現場發生的一切事情負責。「我們自由德國青年團要對這次事件負責，而不是東德官方、或是共產黨。」克勞斯說。過了二十五年之後，他聽起來仍對這次挑釁的行為感到十分驕傲。「我說『開門』的時候，安全人員碎碎唸了一陣，但這就是我們的決定。我們對他們說，我們要為演唱會負責，這就是我們的回應。」

在共產東德這個高度規範、法規幾乎從未被公然違抗的國家裡，這可說是一次值得紀念的投降。東德是一個極權國家，其中的武力威脅總是潛伏在角落蠢蠢欲動。僅僅是撞倒一個障礙物，跨過它進入到演唱會場，本身就是一種令人興奮的體驗。許多稍後抵達演唱會的人還清清楚楚地記得，看到安全閘門倒塌，讓他們有多麼驚訝。那是他們在東德前所未見的一幅景象（而且他們再也不曾看到此景），直到 1989 年 11 月 9 日柏林圍牆在一群不顧一切、想要突破藩籬的群眾壓力下倒塌為止。

英克・漢德克（Imke Handke）在 1988 年時二十三歲，是一名實驗室助手，她記得來到演唱會現場看到安全圍欄被拆掉時，自己有多麼驚訝。她表示，這整個經驗都非常超現實。「圍欄被推倒，人群如洪水般湧入，」她說：「真的太令人驚訝了。從來沒見過東德發生這種事情。」

　　這對 1988 年的許多東德民眾來說，的確是個有力的象徵──跨越障礙、卻沒被開槍射中，這是很多人都曾做過的夢。而就在十六個月之後，柏林圍牆真的倒塌後，成千上百的東德人民衝過柏林圍牆的新開口（例如威森斯西方三英里處的博爾和爾摩大橋〔Bornholmer Bridge〕）想看看西柏林，這個景象在威森斯彷彿似曾相識。「演唱會開始前，一切都陷入混亂之中，」記者切諾・喬巴提回憶道：「完全沒有公眾秩序可言，現場宛若叢林。接著史普林斯汀開唱了，他真的讓這個地方搖滾了起來。每個人都瘋狂了，氣氛真的、真的非常特別。每個人都彷彿心想著：『真不敢相信，全球第一的搖滾巨星真的就在這裡，我不敢相信這真的發生在東柏林。』到處都有女孩子昏倒，我這輩子從來沒看過這麼多昏倒的女孩子。真是太奇妙了，人們忙著把昏倒的女孩搬走。」群眾太過擁擠，因此昏倒的人很容易就可以被舉到頭頂上，把她們傳到邊區去。

祕密警察對眼前發生的一切似乎滿意至極，並稱這種氣氛絕妙無比：「有一個人在入口處受了傷，腦震盪，被送到醫院去。他的狀況不嚴重。現場也有來自尼加拉瓜與美國的外交官。」

▶▶後頁圖片：東德警方在直升機上所拍攝的空照圖，可見演唱會人潮眾多。此時大約是傍晚五點，距離演唱會開始還有兩小時。舞台位於場地前端的左側，兩個巨大的擴音器中間。

◄演唱會開始幾小時前，在賽馬場大道入口處上方的空照圖。

# A CLOSE

I wanna spit in the face of these Badlands

— *Badlands*

第八章

千鈞一髮

我想對著這些惡地的臉吐一口口水

──〈惡地〉

1988 年 7 月 19 日，當史普林斯汀站上東柏林的舞台時，那是個溫暖的夏日傍晚。在這晝長夜短的北歐夜晚中，太陽依舊閃耀，而且還要好幾個小時才會落下。「很高興能來到東柏林。」史普林斯汀對著麥克風吼道，爆發一陣歡呼。史普林斯汀急轉一圈後朝向樂隊，然後開始倒數唱起〈惡地〉。接著他唱了〈在街上〉（*Out in the Street*）、〈砰砰〉（*Boom, Boom*）、〈亞當養大該隱〉（*Adam Raised a Cain*）、〈天堂許可之事〉（*All That Heaven Will Allow*）、〈河流〉（*The River*）、〈掩護我〉（*Cover me*）、〈聰明偽裝〉（*Brilliant Disguise*）、〈應許之地〉、〈空閒部分〉（*Spare Parts*）、〈戰

爭〉（War），還有〈生在美國〉。每個人都站著，有些人揮舞著黏在手上的美國國旗（這可不是在一般東德商店買得到的現成品），還有些人舉著橫幅標語，上面寫著最喜歡的歌名，每個人看起來都興高采烈。

史普林斯汀那晚將在東柏林高唱三十二首歌，他的開場曲是〈惡地〉，非常具有啟發性。任何人只要仔細聆聽歌詞（內容是關於一個惹上麻煩、憤世嫉俗的年輕人），都會將〈惡地〉視為一種挑釁的開場，特別是在這完全背離年輕世代的共產主義國家中表演時。史普林斯汀顯然仍對印在門票上、他名字旁邊的「為尼加拉瓜而唱」心存芥蒂。但他真有如此直率，直接把東德稱為「惡地」嗎？這個訊息是群眾中的多數人都能理解的。

「今夜關上燈光，心境充滿憂傷／接受那迎頭一擊，粉碎了我的膽量／我被困在一場自己不明白的多方爭鬥中」，這是開場時從舞台上傳來如雷貫耳的一段歌詞，「我對那些老掉牙的把戲不屑一顧／我對那些牆頭草也不屑一顧／甜心，我要的只是顆心，只是靈魂，現在我就要掌控」。

以〈惡地〉作為開場，為整晚的演唱會奠定了方向。這首寫於 1977 年的經典名曲，收錄在 1978 年的《城市邊緣的黑暗》

專輯中，是之前史普林斯汀巡迴演唱會中的必唱曲目。但在1988年的「愛情隧道巡迴演唱」中，卻被排除在大部分的歌單之外。在「愛情隧道巡迴演唱」的六十七場演出中，他只唱了這首歌九次。那一年，史普林斯汀還沒用過〈惡地〉當任何一場演唱會的開場曲，直到他來到東柏林。

談論著夢想，企圖使它成真

你耗費一生，等待一個不會來臨的時刻

別浪費時間等下去了……

惡地，你每天都生活在此

史普林斯汀要在東德演唱會上要唱什麼歌，並沒有受到限制。但想在共產國家演出的西德樂團可沒這麼幸運，對於哪些歌是獲准能唱的，都有身不由己的嚴格限制，對藝術自由而言，這是一種令人反胃的介入。這種警察國家嚴厲插手的狀況，在不久以前還曾引發國際事件。

四年前，也就是1984年，有個來自科隆、很受歡迎的西德搖滾樂團名叫 BAP，決定打包離開東德而不願接受當局的審查。在東柏林演出首日的前夕，他們硬生生取消了一次有十四

場演唱會的巡迴演出，因為東德當局想阻止樂團演出一首有爭議性的歌曲——〈我們為何在此演出〉（*Deshalv spill' mer he*）。BAP 的團長沃夫崗·尼德肯（Wolfgang Niedecken）在那之前接受了一場東德電視台的訪問，結果卻被斷章取義、搞得支離破碎，於是他特別為了東德的巡迴演唱，以樂團招牌的科隆方言重新寫作歌詞。尼德肯一直都很期待能來東德演出，他解釋，對於美國把潘興飛彈設在西德、瞄準東方，就和蘇聯把 SS-20s 飛彈設在東德、瞄準西方一樣，他都非常反對。但他說的話只有一半被東德電視台拿來播放，也就是反對潘興飛彈的那部分。

雖說 BAP 的歌詞對科隆地區以外的多數德國人來說也是不明所以的，但卻仍不被東德政府的審查制度所允許；例如「嘿，在那邊的你，你也一樣，你覺得自己要到哪時候，才能在這兒張開嘴巴，說自己想說的話？」（*He du da, und du, wann ist es hier so weit, dass man das Maul aufmachen darf, wenn man etwas sagen will?*），這是對東德當權派以及言論自由匱乏的直接挑戰。BAP 被告知不可以在東德演出這首歌，但樂團決定拒絕這項指令，中止巡迴演出。史普林斯汀很清楚東德審查制度在 1984 年曾為難過他的朋友沃夫崗·尼德肯這件往事，但是史普

林斯汀本身卻未面臨任何限制,儘管〈惡地〉、〈自由鐘聲〉、〈生而奔跑〉等歌曲的歌詞,都可以被解釋成對共產東德的一種挑釁。

「我們知道,有其他樂團曾在東柏林演出,在這裡表演是可能的,」史普林斯汀在 1988 年於德國衛星一號(Sat-1)電視台的訪談中說道:「我們並不清楚確切的狀況,也不知道會發生什麼事。但你可以感覺得到,比起 1981 年來,一切都變得比較輕鬆了一點。我們在西柏林演出了好幾次,也以觀光客的身分來過東柏林……我們想把握機會,在東柏林演出。」

史普林斯汀的〈惡地〉有幾行歌詞,與其說是描繪美國某些問題地區,不如說正貼切反應著共產東德的現況。面對東柏林的群眾們,他也修改了其中一段副歌歌詞(儘管幅度極小):他把「努力往前推進,直到被了解為止/這些惡地才會開始對我們好一點」改成「我們會努力往前推進,直到被了解為止/這些惡地才會開始對我們好一點」,很巧妙地把這份宣言改成一項請求,這會讓東德共產頭頭們揚起眉毛,假如他們能理解這份訊息的話。

但是,應該沒有任何一個東德共黨官員會對〈惡地〉的歌詞深入思考,或把它當作是在談自己的國家。共黨高層也沒有

去注意、或根本懶得去注意歌詞裡的改變，而這甚至也不是意外之事。東德的電視台仍採取了小幅度修改的預防措施，但奇怪的是，他們卻在錄影延後的演唱會轉播中，把〈惡地〉改為〈一片惡地〉（*A Badlands*），以免有人真以為史普林斯汀可能是在唱東德的狀況。也很有可能，許多在學校裡以俄語作為第一外國語的東德人，雖然都會大聲跟著唱，但卻根本聽不懂他的歌詞是什麼意思。

這並不是史普林斯汀第一次用〈惡地〉來意有所指。1980年11月5日，在隆納德·雷根沸沸揚揚地當選總統的隔天晚上，他把這首歌介紹給在亞利桑那州坦普市的聽眾，這件名留青史的事，也包括一段值得紀念也常被引用的簡短演講：「我不知道你們這些人對昨天發生的事有什麼感想，但我覺得這真是駭人至極。」有一些史普林斯汀的傳記作者把這段評論，當做是他第一次在舞台上的政治宣言。〈惡地〉裡有這樣的歌詞：「我想對著這些惡地的臉吐一口口水」，這不需要太誇張的想像力，就可以感覺到他是在唱共產東德。歌曲中的其他歌詞，也可以有同樣的解釋方式：「你耗費生命，等待一個不會來臨的時刻／別浪費時間再等下去了……我相信能拯救我的信心／我相信希望，並祈禱著有朝一日，它會帶我超脫這塊惡地」。

談論著夢想，試著實現它

你在夜裡驚醒，感到如此真實的恐懼

你每日在此生活的惡地

讓破碎的心站起來

那是你必須付出的代價

我們只能努力往前推進，直到被了解為止

這些惡地才會開始對我們好一點

擁有理念，深植於心的人們啊

活著並不是一件罪惡之事

我想要找一張不會看透我的臉孔

我想要找一個地方，我想對著這些惡地的臉吐一口口水


　　〈惡地〉並不是史普林斯汀第一首或唯一一首關於逃離與奔向自由的歌曲——這個概念對於被鎖在柏林圍牆後的東德人民而言，具有渾然天成的吸引力。即使群眾無法完全理解為何選用〈惡地〉來當做演唱會的開場曲，或歌詞中的深層含義，但他們還是可以明白史普林斯汀所唱的重點：不要廉價出賣自己、相信自己的夢想、欲求自由的同時別讓恐懼阻礙了你。的

確，這些都是非常有力的訊息，在當天晚上，而且就在共產東柏林的中心，傳遞到一大群年輕人的心裡。

「光是史普林斯汀能出現在東柏林，對東德年輕人就是一種不言可喻的訊息，表示他們的生命中還有更多的可能。」柏林自由大學東德研究單位的歷史學家約亨・史塔德表示：「1980年代的東德有一種趨勢，鼓勵人們大膽嘗試，你可以把握機會、逐步前進。史普林斯汀所傳遞的訊息就是：『嘿，這種事也可能在東德發生的。』對 1988 年來說，這是很有力的。」

史普林斯汀在當天晚上，還必須傳達另一項更直接的訊息。演唱會開始前，他對印在門票上的「為尼加拉瓜而唱」口號仍耿耿於懷，因此找來他的西德翻譯兼司機喬治・葛文斯基幫忙。史普林斯汀在東柏林的飯店與舞台後方，告訴每個人他為何願意前來東德演唱，但就在演唱會之前，他需要葛文斯基的語言能力來幫他把幾句話翻譯成德文，這樣才能解釋給整場的觀眾聽。

「那大約是在表演開始前的五分鐘，一切就發生在突然之間，」葛文斯基回憶道，樂團已經在舞台上準備好了，某位維

安人員跑來找我、對我說：「布魯斯想跟你講話。」於是我走進他的更衣室。他單獨在那裡，手上拿著一支筆和一張紙，彷彿遲疑了好幾分鐘才開口。他告訴我，他想要在德國講一些話，要我幫助他練習發音。他說，他想告訴人們，他並非出於任何政治性的理由才來到這裡，而是為了東德人民才來這裡演唱搖滾樂的，希望有朝一日，所有的圍牆終將倒塌。

葛文斯基的英文是在他搬到慕尼黑之前，在倫敦當 DJ 學來的。他回憶道，當時史普林斯汀對共產黨為他演唱會加上的尼加拉瓜標籤，明顯感到很憤怒。「天啊，那讓他覺得很煩，因此想要做一份宣告，解釋那些印在票根上的字眼。他說他只想表演搖滾樂，希望有一天所有的圍牆終將倒塌，於是我把這些話翻譯成德文。他要我把這些概念用幾句德文句子明確地表現出來，於是我唸了好幾次，他則是一一把讀音記下。」葛文斯基說：「他把一切都寫下來了，包括他聽到的讀音，然後練習著唸出來給我聽，唸了三四次。他來到東柏林為他們演出，而且不帶任何政治意涵，讓人們清楚明白這一點，對他來說是非常重要的。他對尼加拉瓜那件事很不滿，因此想確認人們能夠明白，他不是為了那種理由才來這裡表演的。」接著，布魯斯便上台演出了。

◀▲被歌迷暱稱為「老闆」的史普林斯汀，正在東柏林的舞台上表演。

葛文斯基平常是個開朗的男人，在演唱會時卻可能是唯一一位不開心的人。他在後台憂心忡忡，擔心自己成了一個想在東德境內對柏林圍牆發動言論攻擊的美國同路人。

　　為了西柏林的安全譴責柏林圍牆是一回事，每一任的西德領袖都曾在某些時期發表過反對圍牆的言論，從甘迺迪到雷根的每一任總統也是如此。甘迺迪於 1963 年 6 月 26 日造訪柏林圍牆後，在西柏林發表了一場歷史性的演說（那是在圍牆建成兩年之後），這場演說最有名之處就是他用他那美國腔德語講的幾句話。起初，他告訴西柏林的四十五萬人，美國將會繼續捍衛這個城市的自由：「自由有許多艱難之處，民主也並非完美，但我們絕對不該築起一道牆，把人們關在裡面。」甘迺迪接著說：「兩千年前，最驕傲的自誇就是說『civis Romanus sum』——意即『我是羅馬公民』。今天，在自由世界裡，最驕傲的自誇就是『我是柏林人』（Ich bin ein Berliner）[1]……所有自由的人，無論居住在何處，都是柏林的公民。因此，作為一個自由人，我對『我是柏林人』深感驕傲。」大量西柏林群眾爆出歡呼聲，甘迺迪因此成為德國上下的一則傳奇。

---

1　譯注：甘迺迪以英文發表演說，但此句「我是柏林人」則是以德語說出。

二十四年後的 1987 年 6 月 12 日，雷根也發表了反對柏林圍牆的言論，但是聽眾卻少得多、場合也完全不同。雷根在西柏林布蘭登堡大門前，面向四萬五千名群眾，將柏林圍牆直接當作他的背景，對戈巴契夫直陳應將圍牆拆除的訴求。「我們歡迎改變與開放，因為我們相信，自由與安全是並肩而行的。人類自由的進步，只會強化世界的和平。有跡象顯示，蘇聯可以使這一點更為明確無誤，這將對自由與和平有著極大的推進。戈巴契夫總書記，如果你尋求和平，如果你為蘇聯和東歐尋求繁榮，如果你尋求自由，就應該來到這個大門前。戈巴契夫先生，打開這扇門。戈巴契夫先生，拆除這堵牆。」

　　演講的最後一句，後來被稱為「隆納德・雷根總統時期最著名的四個字」，儘管在一些保守圈內，這被認為是作為歷史修正的一部分，對雷根的貢獻更為穿鑿附會；但根據《時代》（Time）雜誌幾年後所記載，當年大部分的媒體都忽略了這場演說：「這段演說儘管充滿戲劇性，但相對地卻少有媒體報導。」更多的注意力都被放在雷根訪問西柏林期間，有超過百萬名西柏林人正在進行超大型的抗議雷根活動，反對他的「星際大戰」[2]國防政策。

　　冷戰時期，西方人對柏林圍牆的詆毀可說是稀鬆平常，但

這事實上卻沒有達成什麼效果，只是讓西方人自我感覺良好而已。在東方，這只是被當成冷戰的一種話術而已。在東德，柏林圍牆在官方說法裡並不是一道「牆」（Mauer），因為西方的宣傳品已經慣用這個字來形容這道障礙物。每個有自尊心的東德共產黨員，都會用政治正確的名詞來稱呼這道圍牆：「反法西斯保護壁壘」（Antifaschistischer Schutzwall, Anti-Fascist Protection Rampart）。然而，冷戰期間在東柏林中央批評這道柏林圍牆是一件極其刺耳的事，沒有哪個重要的西方訪客膽敢公開這麼做。

史普林斯汀已經登上了東德的舞台，開始按照歌單上的歌演唱，葛文斯基卻是困惑不已，想著在他的能力範圍內該如何應付史普林斯汀要說反柏林圍牆言論的計畫。他明白圍牆正把一千七百萬東德人當作名副其實的囚犯，關在自己的國家裡。他也明白許多西柏林的重要人士，都呼籲要拆除圍牆。但葛文

---

2　譯注：此處指的是美國在 1980 年代研擬的戰略防禦方案（Strategic Defense Initiative，簡稱 SDI），亦俗稱星際大戰（Star Wars Program），起源於雷根在冷戰後期（1983 年 3 月 23 日）的一次著名演說，計劃由「洲際彈道飛彈防禦計劃」和「反衛星計劃」兩部分組成，其核心內容是：以各種手段攻擊敵方位於外太空的洲際戰略飛彈和外太空太空飛行器，以防止敵對國家對美國及其盟國發動的核攻擊。此計畫背景是因為冷戰後期，蘇聯擁有的核子武力已經比美國更為強大，美國害怕「核平衡」的形勢被打破，因此需要建立有效的反飛彈系統，同時也憑藉其強大的經濟實力，通過太空武器競爭，把蘇聯的經濟拖垮。

斯基本能地知道，史普林斯汀身為德意志民主共和國的貴賓，卻在東德痛斥柏林圍牆，這和甘迺迪與雷根在西德發表著名的反圍牆言論是截然不同的狀況，他擔心東德當局可能會直接中止演唱會。沒人知道三十萬名失望又肆無忌憚的群眾，在這場共產國家裡有史以來最大、最令人興奮的搖滾演唱會戛然而止時，會做出什麼反應。葛文斯基也夠聰明，知道不用花多少時間就會被別人發現是他幫忙翻譯的，可能必須付出慘痛的代價。因此，他在後台開始跟別人談起史普林斯汀的計畫。

根據葛文斯基的說法，最後他把即將出現反圍牆言論的這回事，告訴了自己的老闆，也就是西德的音樂會經理馬叟·阿福朗。但出於其他因素，演說的計畫已經在後台傳開來了。在東德這種地方，處處都是間諜網和非官方的線人，祕密警察沒花多少時間就發現了史普林斯汀的計畫。「突然之間，後台充滿了一片焦慮情緒。」葛文斯基回憶道。

史普林斯汀與他的經紀人瓊·藍道在演唱會前便事先談過，他要在舞台上發表一篇簡短的演說。「布魯斯和我在前一天晚上，有個機會討論進行宣言的必要性，以及這份宣言的大致架構。」藍道說。起初，他無視於愈來愈緊張的後台，享受著演唱會的氣氛，花了些時間沉浸在穿越人群的散步時光中，雖說

其實很難走來走去，因為實在是太擁擠了。回到後台時藍道才被逮住，面對即將出現的演講所帶來的騷動，他很驚訝別人竟然也聽說了這回事。「馬叟・阿福朗跑到我們面前來說：『你們想害死我嗎？布魯斯要發表演說，反對圍牆。』」藍道回憶著：「我說：『馬叟，先冷靜下來啊，你怎麼會知道這件事的？』」他這句話，影射了對東德間諜與竊聽設備無所不在的擔憂。「我告訴他，布魯斯在演唱會前，和他的翻譯在後台一個密閉區域獨自待了一陣子。」藍道說。

　　所以後台這麼多人，究竟是如何知道史普林斯汀要說什麼的？藍道笑了。他停下來做個深呼吸，然後說他本來是要把這件事留在自己的記憶裡的，但他現在要把這故事說出來：「好吧，所以事情已經變成這樣了，不管是出自什麼原因，那位司機（平常在西德擔任我們的司機、也兼任翻譯的那位先生）把這件事告訴了許許多多東德來賓，而且我想他是在不經意中，告訴了別人布魯斯要說些什麼。『圍牆』這個名詞讓每個人都跳起來，而且大家都緊張得半死，因為當時這真是一個禁忌的字眼。」

　　由於「圍牆」這個詞在後台造成的這股焦慮，阿福朗要求藍道停止這次演講，或至少要把「W」（譯按：指 Wall，圍牆）

開頭的這個字拿掉。藍道向阿福朗保證，史普林斯汀來到東柏林，是為了要替東德人開一場搖滾演唱會（而不是要發動一次起義），他會設法搞定這一切的。這位史普林斯汀的得力助手一如往常地快速思索著，馬上便明白他要想一個與「圍牆」不同的字眼，免得這個單音節字眼在東德引發不知什麼樣子的混亂。他和史普林斯汀已經合作多年、有深厚友誼，對他可說是極為了解，因此明白史普林斯汀想傳遞的訊息究竟為何，也知道史普林斯汀不會想讓那些幫助他開演唱會的人惹上麻煩。於是，藍道很快想到了「障礙」（barriers）這個字眼，用來替代「圍牆」。對東德共產黨的敏感度來說，這個字眼比較沒那麼刺激，但仍然可以將相同的意義傳遞給聽眾。

「『圍牆』這個字眼，在當時是個可能會引起激烈反應的詞語，」藍道說：「我決定，不要在這裡與特定的官方人士起衝突。於是我把這個字翻譯成『圍牆』以外的字，然後就用了德文的『障礙』。我不知道『圍牆』這個字會引起問題，但是在當時的情況下，把這個字換掉才是正確之舉。那是我的直覺，我必須快速應對，心裡想的就是這樣。我引起舞台上的史普林斯汀的注意，然後把他要說的話改掉了那麼一點點。」

可能有人會覺得這是膽怯的一步，但是藍道明白，史普林

▲這個夜晚，是布魯斯‧史普林斯汀永遠不會忘記的。
他卯足全力演唱，並且說出了反對柏林圍牆的言論。

斯汀只是要傳達訊息，而並不想威脅接下來的演唱會，或引發一場國際性事件。畢竟，他人在東柏林，且此時仍是冷戰時期。「我們並不是要到東柏林來引發公開衝突的，」藍道說：「我們並不是要到那裡抗議東德政府的。我們來這裡，是為了東德的十六萬人，或三十萬人，或不管多少人。我同意改變那些字眼，因為宏觀來看，我相信聽眾們會理解布魯斯的深意。」

史普林斯汀看到藍道之後，便從樂團旁邊開溜了一會兒，走下舞台中間窄窄的樓梯，而此時樂隊仍在演奏。在樓梯底部，有一張小桌子上面放著一瓶冰水，那是在歌與歌之間讓史普林斯汀短暫休息之用的；他在那裡見到了葛文斯基與藍道。藍道告訴他，他們要改掉一個字：「我把布魯斯叫來，樂團還在演奏，其實我說的是：『就這麼改吧。』我不記得他有問『為什麼？』，或是我有告訴他原因。他只是相信這是必須的。」接下來，葛文斯基（那位巴伐利亞藉的司機）大聲喊出那個新字的讀法——刪除「圍牆」（Mauern），改說「障礙」（Barrieren）。史普林斯汀聽不太清楚葛文斯基說什麼，一直吼著「什麼？」

「樂團還在演奏，真的很大聲，」葛文斯基回憶著：「我們對著彼此大叫，我吼著：去掉 Mauern，圍牆，不要說 Mauern！不能說圍牆！Bar-hee-AIR-en。Bar-hee-AIR-en。障

礙。我們要說『障礙』。他又大叫：『什麼？』我們都只能用叫的，因為實在太吵了。於是我把那張紙條從他手裡拿過來，把『圍牆』劃掉，寫上 Bar-hee-AIR-en。這個德文字對美國人來說是很難發音的。」

葛文斯基說，史普林斯汀最後終於搞懂了，微笑著對他們豎起大拇指，然後爬上樓梯回到舞台上面去。此時距離史普林斯汀把那張紙條拿出來發表演說，只不過是片刻的事情：

Es ist schon in Ost-Berlin zu sein. Ich bin nicht fur oder gegen eine Regierung. Ich bin gekommen, um Rock 'n' roll fur euch zu spielen in der Hoffnung, dass eines Tages alle Barrieren abgerissen werden.

史普林斯汀用德文所說的，翻譯成英文就是：「很高興來到東柏林。我並不反對任何政府。我來這裡為你們表演搖滾樂，希望有朝一日，所有的障礙都能被拆除。」

這段話或許是因為太短，因此成為最被低估的一段反圍牆言論。但由於它是在東德內部所發表的，因此比起 1963 年的甘迺迪或 1987 年的雷根，甚至其間種種在西柏林所發表的言論加

起來，都更能夠撼動這道冷戰的障礙物。史普林斯汀人在東柏林，沉浸在這個國家有史以來最龐大、最狂喜的演唱會群眾歡呼中，而他用德文發表反對柏林圍牆的言論。他說這幾句話的時候帶著美國腔，使得離舞台或擴音器比較遠的一些人聽不太懂，但離舞台或那些不夠完美的東德擴音器夠近的人，都明白他的意思。

「我們都接收到訊息了，實在是很熱血，」當時三十四歲的農夫約格‧貝內克說，他和一個朋友當天早上開車橫跨半個德國來聽這場演唱會：「每個人都很清楚他說的是什麼——拆除圍牆，那是壓倒東德的最後一根稻草。我們從來沒有在東德內部聽任何人這麼說過，那是我們許多人終身企盼聽到的一刻。也有其他來自西方的搖滾歌手到這裡演出，然後對我們說：『哈囉，東柏林。』之類的話。但是從來沒有人來到我們面前，說他希望能拆除一切的障礙。從來沒人展現出此等勇氣，真是太不可思議了。我們都覺得自己被關住了，假如我們可以翻越柏林圍牆的話，一定有許多人會這麼做。他就站在那裡，說他希望所有的障礙都能被拆除，史普林斯汀就這樣贏得了每個人的心。」

群眾爆發出震耳欲聾的吼聲，雖然短暫，卻極為有力——

這是東柏林最令人欣喜若狂的一刻。當掌聲席捲舞台時，史普林斯汀微笑著，他從麥克風旁往後走了幾步，彷彿要被群眾的吼聲擊倒似地。他凝視著這片人山人海，臉上帶著驕傲的表情，掌聲也只有愈來愈熱烈。他們享受了生命中的最佳時光，接著這位美國歌手兼搖滾巨星又花了點時間，用他們的語言對他們說話，並告訴他們從來沒人膽敢說的：他希望能把圍牆拆掉。

當群眾讚頌這位救世主的時候，史普林斯汀也以不亞於他們的方式，享受著他們的反應。用德文向一群對自由與更美好生活的渴望受到限制的人們傳遞這份訊息，使他感到非常得意。

雷因哈特·海德曼（Reinhard Heidemann）是東德藝人經紀部中，由東德政府指定負責外國藝人的人物；他說他肅然起敬地站在那兒，接著也為史普林斯汀說出反對圍牆言論的勇氣而鼓掌——即便他是一名東德政府旗下的官員，然而他這個政府卻建造並捍衛著這座圍牆。雖說史普林斯汀並未使用「圍牆」這個字，「每個人都懂得他的意思，」海德曼說：「那是一個大膽的舉動。他很清楚自己在做什麼，那已經是場很棒的演唱會了，這段話使得這一切更顯獨一無二。」

葛文斯基也很感動。「他所做的事情，真的是非常勇敢。我在想，東德當局可能會在此時此地，就這樣讓演唱會喊停。」

不過他們沒有這麼做。史普林斯汀一直眉開眼笑，幾秒鐘後，群眾聽到下一首歌的前奏，又跟著爆發了一陣歡呼——〈自由鐘聲〉（ *Chimes of Freedom* ），他們也非常了解這個訊息。他們知道接下來這首歌的名字，這對他演說中的訊息來說，更是一份情感的強化。〈自由鐘聲〉表達的是遭受不公平對待的人們團結起來，是由巴布‧迪倫所創作的。藍道說，即使過了半個世紀後回想這件事，他還是在史普林斯汀對東德人演講說他希望圍牆被拆除的時候，起了一身雞皮疙瘩。「那場演講以及接下來〈自由鐘聲〉那首歌的效果，對觀眾來說就像是一場奇觀，」他說：「那是我們沒人會忘記的一刻。」事過境遷二十五年之後，藍道說：「布魯斯只是想對群眾說清楚，他並不是東德政府、或任何政府所操弄的一件工具。」不管用的字眼是「圍牆」或是「障礙」，其實最終都不是那麼有關係，假如使用後面那個字眼能讓當局比較冷靜的話，那也無關緊要，我們不是來引發某種國際事件的。大眾會理解，我們也知道他們理解了。」

　　　　★　　　★　　　★

　　舉辦演唱會的東德人可是笑不出來。儘管「圍牆」這個字眼被改成「障礙」，讓他們鬆了一口氣，但還是很擔心東德共產黨政府中的強硬派會對史普林斯汀的演說反彈──儘管形式溫和，但還是清清楚楚地批判了柏林圍牆。

　　傑拉德‧波內斯基說，當時有一位負責自由德國青年團的共黨高官叫做埃貢‧克倫茲（Egon Krenz），經過時就停下來聽了一下演唱會。聽說史普林斯汀即將要發表關於圍牆的演說時，波內斯基和其他後台的承辦人也都在心驚肉跳。當年五十一歲的克倫茲，剛好在史普林斯汀發表演說前抵達現場，根據祕密警察對演唱會的報告記錄，這位自由德國青年團領導在晚上八點十分抵達，然後在約三十分鐘後，也就是八點四十時離開了現場。

　　「我們從小道消息聽說史普林斯汀想講一些『圍牆應該要拆除』之類的話，假如他真的這麼說了，那我們就全部都玩完了。」波內斯基說：「誰知道會發生什麼事？但我們都知道，我們會再也無法在東德從事音樂產業，而且會因此惹上終身麻煩。」波內斯基回憶著，即使在藍道介入後，他和其他共同舉

辦音樂會的東德人，對於史普林斯汀使用「障礙」這個字眼可能帶來的回響，還是神經兮兮的，這個字很清楚地指涉著柏林圍牆啊。

但波內斯基和他的團隊頗為走運，因為克倫茲剛好就在那個時候來到了音樂會現場，聽到史普林斯汀說了些什麼。就在十四個月之後，這位自由德國青年團領導因為即將成為昂納克的繼任者而舉世聞名──此時昂納克的改革已經變得太過微不足道、也太遲了，克倫茲只當政了七個星期便自行廢職。波內斯基回憶道，克倫茲被問到他對史普林斯汀的「障礙」演講作何感想時，克倫茲表示他自己覺得還好。「我們以為自己還是會有麻煩，但克倫茲就站在貴賓席裡面。克倫茲說了一些話，意思是『我們都反對障礙』，聽完我們才終於鬆了一口氣。」

那個話很多的西德司機葛文斯基則記得，後台的氣氛一直到演講開始都非常緊繃，因為沒人知道史普林斯汀到底要對反圍牆一事說些什麼，他們也很害怕自己來不及阻止一切了。藍道承認，那真是千鈞一髮。有多千鈞一髮？「大概十分鐘吧。」他說，多少有點仍沉浸在當時那戲劇化的一刻裡。有人提出說，這件事哪天可以變成劇情片裡的一個偉大場景時，藍道笑說：「我也是這麼想！」他相信，東德官方並未對史普林斯汀的話

過度反應，可能是因為前一天關於尼加拉瓜的抗議事件，已經引起了東德官方的注意，對於爭取史普林斯汀前來所做的這些檯面下的小動作，他們是相當不快的。藍道說：「東德官方很通融，而且可能也是因為當史普林斯汀真的在台上發飆時，根本也沒什麼其他選擇，所以在布魯斯發表宣言時，只能不過度反應。」

〈自由鐘聲〉之後，演唱會繼續著，唱了〈C 旁的天堂〉（*Paradise by the C*）、〈真命天女〉（*She's the One*）、〈你可以看（但最好別碰）〉（*You Can Look (But You Better Not Touch)*）、〈（遇到愛時）我是個懦夫〉（*I'm a Coward (When it Comes to Love)*）、〈慾火焚身〉（*I'm on Fire*）、〈下行列車〉（*Downbound Train*）、〈在黑暗中跳舞〉等歌曲。

〈在黑暗中跳舞〉唱到一半的時候，史普林斯汀開始在群眾中搜尋，想找個舞伴——這是他在唱這首歌時常做的事情。他挑上了海克・本哈德（Heike Bernhard），她是個迷人的深色頭髮十七歲女郎，演唱會前六個小時就來了，站在靠近舞台的群眾之中。史普林斯汀指著她，使勁揮手要她上台來。本哈德衝向舞台，在四周人群的幫助下被舉起來推上舞台，接著史普林斯汀伸出手，把她帶上舞台。「這簡直就是一次天旋地

轉的經驗。」本哈德在東德一本青年雜誌《新生活》（*Neues Leben*）的訪談中這麼說道。這本很受歡迎的雜誌恰如其分地提到她有個男朋友，卻沒去參加演唱會，因為他是個軍人，正在東德陸軍的某個偏遠哨所服役中。「我再也不去注意群眾或其他任何事物了。我們開始融入音樂之中，就像做夢一樣。」本哈德告訴這本東德雜誌，她的男朋友稍後也在略有延遲的東德電視演唱會現場轉播上，看到她在舞台上和史普林斯汀跳舞。

一起跳了幾分鐘之後，歌曲結束了，史普林斯汀擁抱了本哈德，接著往後站，加入為她的舞蹈而鼓掌的群眾之中。他們一齊把雙手舉起，向群眾揮舞著，接著又一起鞠躬。本哈德看起來好像快昏厥了，渾身發抖好幾秒，史普林斯汀穩住她，接著幫助她回到群眾之中。

第二天，海克・本哈德和另一名女友來到史普林斯汀下榻的飯店，想要探訪這位搖滾巨星，並且跟他要個簽名。她告訴《新生活》，她得到一張簽名照片，上面寫著：「給海克，謝謝妳的舞。」

本哈德在往後的二十五年中，都沒有再接受過其他的訪問。但這位東德史上最受妒羨的女子，在 2013 年一部由公共藝術廣播網 MDR 與 RBB 共同製作、關於史普林斯汀 1988 年演唱會

的紀錄片裡，終於打破了沉默。如今，本哈德已經四十二歲，在這部紀錄片《演唱會：老闆如何震撼了東方冷戰》（*Kalter Krieg der Konzerte—Wie der Boss den Osten rockte*）中，解釋了她是如何早早來到演唱會場地外緣，還在外頭等候的時候，她和朋友開玩笑打賭說，自己要想辦法上台和史普林斯汀站在一起。於是在開始唱〈在黑暗中跳舞〉的時候，他一面唱著「我在尋找我的寶貝」，一面開始張望。海克・本哈德說，她不自覺地開始想辦法往前擠向舞台。看到他瞪著她、對她揮舞雙手叫她上台時，不禁大吃一驚。她被舉上舞台，群眾瘋狂了。「從舞台上面往下看的時候，我再也看不到任何一個人了，我看到的是一群不可思議的群眾，台下充滿著歡欣鼓舞、瘋狂鼓掌的人群。我唯一能思考的就是：『好吧，現在非跳不可了。』我的腦袋好像開啟了自動駕駛似的。」

雷因哈特・海德曼表示，他在藝人部門的這個職位看過許多國際知名的音樂家在東德來來去去，但卻沒有誰和史普林斯汀一樣。「這是有史以來最好的一場演唱會，」海德曼當年

三十九歲,他回憶道:「史普林斯汀是個偉大的藝人,他的表演絕佳,並且創造出一種神奇的氣氛。他很放鬆、也完全投入群眾。他甚至從群眾裡把那個年輕女孩拉上來跳舞,一切都很順利,那種氣氛真是無與倫比。」

秘密警察則是對這場演唱會的進行方式大致感到滿意,東德國家安全局一份關於史普林斯汀開始演唱兩小時後的記錄中寫著:「晚間九點三十分——搖滾演唱會毫無意外地繼續進行,群眾的氣氛絕佳。」這份報告接著又寫:「國家安全毫髮無傷。一共有八百人在演唱會期間暈倒,其中有一百一十人是因為飲酒過量所致。」

演唱會進入第四個小時的時候,柏林的天色才終於慢慢變暗,但史普林斯汀仍繼續演唱,唱完〈在黑暗中跳舞〉後又唱了〈因為夜晚〉(*Because the Night*)、〈日之光〉(*Light of Day*)、〈飢渴的心〉(*Hungry Heart*)、〈光榮之日〉(*Glory Days*)、〈無法不去愛〉(*Can't Help Falling in Love*)、〈芭比·珍〉(*Bobby Jean*)、〈凱地拉克牧場〉(*Cadillac Ranch*)、〈凍結第十大道〉(*Tenth Avenue Freeze-out*)、〈甜蜜靈魂樂〉(*Sweet Soul Music*)、〈扭動與吶喊〉(*Twist and Shout*),最後則唱了〈開派對〉(*Havin' a Party*)。

史普林斯汀當晚唱了將近四個小時，為他那註冊商標的馬拉松式演唱會又添一筆紀錄，總共包括三十二首歌、兩首安可曲。稍早，東德的 DDR2 電視台記者於中場休息時在後台訪問他，問他為何演唱會都這麼長；史普林斯汀回答前先是微笑，接著又笑了開懷：「嗯，反正設備都弄好了，就乾脆待久一點，我就是很喜歡這樣，所以一直都是如此。我十六歲時，在美國的俱樂部裡演出，一唱就是四、五個小時，通常我拿到的報酬也不錯。只要我人去了那裡，就不費什麼功夫了。」記者也問他，有多少歌曲是出自他自身的經驗，史普林斯汀對此答道：「我想應該是一半一半。我想，所有歌曲都是出自於情感上的經驗。即使在歌曲中，細節仍和你自己的生活不一樣；那是來自於你的情感生活，所以就某些方式而言你也自己體驗過了。想要把一件事寫得好，一定要在某些時刻對它有所感受。我會這樣看自己的工作：有時候，我假想出一個歌曲中的角色，然後試著設身處地想想看，看他的生命是怎麼一回事，希望也能對鄰人發揮一點同情心，大概就是這麼一回事。」

　　大約過了五分鐘後，問題開始繞著對政治的熱情打轉，史普林斯汀低頭看看手錶，告訴那位東德電視記者，他該回舞台上去了。「嘿，我得去上工了。」但那位東德記者在史普林斯

▲東德的年輕人手中拿著官方海報，在威森斯等待演唱會開場。

▲一位昏倒的樂迷被人們從頭頂上傳遞著抬出去。

汀已經離開攝影機鏡頭時，卻又對他丟出最後一個問題，記者就像一個優秀的東德共產黨員般問道，布魯斯剛才演唱的〈戰爭〉這首歌，是否有何深層的意義。冷戰期間，許多東德人都覺得自己隨時處於會遭西方人攻擊的狀態之中，而東德政權則喜歡把自己表現成全世界最和平的一個國家。史普林斯汀的〈戰爭〉這首歌在某些圈子裡，被視為是反對雷根對尼加拉瓜與中美洲統治政策的一份抗議。所以，像史普林斯汀這樣的一個西方人批評此事，正好完美地符合了東德的世界觀——而尼加拉瓜這個主題也是當初主辦人想要強加在這場演唱會之上的。史普林斯汀聽到這個問題時，本來已經走了一兩步，但卻停下腳步，短短停頓了一下，對著鏡頭微笑說：「那是首很棒的歌，它說出了一切。『戰爭』，你知道的，『有什麼用？完全沒用！』」

演唱會結束後，史普林斯汀到一個自由德國青年團主辦的接待會，短暫停留了一會。他在派蒂‧席法的陪伴下，盡忠職守地聽完自由德國青年團一位當地領袖的演講，他盛讚史普林斯汀來到東柏林並展現精采演出。康妮‧鈞特還記得，那是場有點生硬的聚會，有二十個自由德國青年團的領袖亟欲對他敬酒。「我為他感到抱歉，因為他在演唱會後必須忍受這一切，

但他對這一切都處之泰然，並且感謝他們邀請他來，」鈞特說：「在某一段演講的時候我非常擔心，怕他們要喊他『史普林斯汀同志』了，因為這些人實在是太超過。那我就得把它翻譯成『史普林斯汀先生』，不過很幸運地，他們還沒玩過頭。他們只是都很愛那場演唱會，一直不停地告訴他這件事。他沒待太久，待了二、三十分鐘就離開了。」

史普林斯汀和席法回到柏林大飯店，和藍道一起在東德的電視上看著演唱會的轉播。他們聽著那位東德記者再三想讓史普林斯汀談一些政治性或評論美國的話題、卻始終徒勞無功的段落。「為了要讓氣氛好一點，布魯斯只是說：『呃，你們要記得，酬勞還不錯。』」藍道說：「但他們卻沒把布魯斯的回答翻譯成德文。那個東德人可能覺得，把搖滾巨星的酬勞很高這回事拿來開玩笑會讓他覺得備感威脅，這也說出了東德政府在那個時候有多麼缺乏安全感。」

Well, the night's busted open
These two lanes will take us anywhere,
We got one last chance to make it real,
To trade in these wings on some wheels

*— Thunder Road*

THE PEOPLE

第九章

力量歸於人民

嗯，夜晚已然開啟
兩條長巷可以帶我們去任何地方
我們只有最後一次使它成真的機會
用一些輪子，換一些翅膀

——〈雷霆路〉

許多在當晚看過這場史普林斯汀演唱會的人都認為，這對他們的人生造成了重大的影響。即使過了四分之一個世紀，仍有很多人可以栩栩如生地回憶當天的細節與氣氛。這場演唱會創造了一種新的團結感，在一整個世代的東德人之中創造出一種無形的連結，亟欲、也準備好要把自己從數十年的極權控制枷鎖之中解放出來。若向人詢問威森斯這場音樂會的事，便會看到一抹微笑從他們臉上閃過，許多人都把這場演唱會視為生命中的一個轉捩點，某個夜晚一次解放的時刻，從此，他們才覺得可以開始夢想光明的未來了。

　　「真是太瘋狂了，現場有那麼多人，氣氛好的不得了。」

蓋比・嘉特納（Gabi Gärtner）說，這位東德銷售員當年十九歲，和男友拉夫・沃佐（Ralf Wurzel）一起去聽演唱會。他從來沒看過什麼美國偶像，現場的氣氛卻很神奇：每個人似乎都因那瞬間而如痴如醉，音樂的能量更使他們可以在幾個小時內忘了自己究竟是誰。「我們站在一個銀幕旁，演唱會快要結束時，有條水管爆開了，流出某種冷卻液之類的東西，然後就像肥水一樣到處噴來噴去灑到四周的人身上，」沃佐回憶著：「我們本來就有點髒兮兮的，因為演唱會前下了點雨，草地又濕又泥濘。但我們都太開心了，所以被噴到也沒人在乎，我們就是那麼快樂。」

伊芳・華格納（Yvonne Wagner）和朋友去聽演唱會時年方二十歲，也是滿懷好奇地首次親眼看到一個美國人。「我還記得他在唱〈生在美國〉的時候，我們都跟著他一起唱，」這位柏林祕書面帶微笑回憶著，三十萬東德人和一位美國搖滾巨星一起合唱副歌的情景：「我們唱得很大聲，熱血沸騰。不可思議，真的是太棒了，我們之中沒有任何人在哪場演唱會有過這種經驗。大部分的人並不真的理解歌詞的意思，但是聽起來就是很棒，唱著『生在美國』就是很有趣——即使我們全都是生在東德。」

對於在東德成長、接受教育的每一個人來說，美國就是蘇聯和東德的「帝國主義」大敵，當天晚上和史普林斯汀一起唱這些歌詞，當然會覺得很奇怪。常受到誤解的〈生在美國〉其實絕非一句愛國者的口號，而是一篇關於越戰的祭禱文，歌曲中描述一個美國退伍軍人回到家之後，卻找不到工作。東德的群眾很愛這首歌與歌詞──尤其是因為在東德的心臟高喊「生在美國」，多少有點挑戰禁忌的感覺。對共產黨官員而言，看到幾十萬東德人興高采烈地隨著史普林斯汀高唱，許多人手中還揮舞著自製的美國國旗，必然會不寒而慄、芒刺在背。

赫伯．舒茲（Herbert Schulze）是東德《新生活》雜誌指定記錄演唱會的攝影師，他在表演前花了好幾天看著那巨大的舞台、音響系統和銀幕牆組裝起來，這一切的規模都極為巨大。在演唱會期間，他被安置在舞台的正前方，而且和許多人一樣，對群眾的數量和能量都倍感震撼。但真正擊中這位當年三十六歲的攝影師的，卻是那滔滔宣洩而出的親美情緒──而且就在東德的心臟地帶。他說，這實在是太怪異、太不尋常了。他往群眾周遭張望，四處看到自製的美國國旗、親美的口號、紅白藍的旗幟或標語。「那是我從來沒在東德見過的，」舒茲說：「通常，任何親美的事物，根本就是完全被禁止的！你不可能

手裡拿著一面美國國旗走到街上去，這樣幹就一定會惹上大麻煩。每個人都知道，絕對不能在德意志民主共和國做這種事情。美國就是階級敵人，但演唱會的那些人高舉著美國的象徵，卻沒有受到懲罰，甚至也不擔心自己會惹上麻煩，這對我來說是一份全新的經驗。」

史普林斯汀自己在演唱會時的心情也很好，他在那場簡短卻很著名的中場休息訪談中，告訴東德電視記者說，群眾竟然聽得懂這麼多他歌裡的歌詞，令他百思不得其解。「簡直就像做夢一樣，真是令人難以置信，」他這麼形容柏林的群眾：「我很驚訝到底有多少人知道這些音樂，很多人都在那裡跟著唱，很多人也都似乎知道歌詞，他們帶著橫幅旗幟，上面寫著歌名。真是太棒了，太厲害了。」

芮亞・柯奇，那位當年二十二歲、跟著群眾衝進大門的醫科學生還記得，當時整張《生在美國》專輯裡的歌詞她都聽得懂，因為好幾年前她就接觸過那張專輯了。「我聽得懂那些歌詞，因為我在家裡聽了無數次，」她說：「有很多歌我都可以跟著唱，因為歌詞早就都背下來了。那是一次了不起的經驗，氣氛也再神奇不過。」不過，早早來到現場、在靠近舞台不遠處占到一個位置的柯奇，也記得表演開始前幾個小時就愈來愈

擁擠，她回憶著身邊某些人的幽閉恐懼症感愈來愈嚴重。「變得愈來愈擁塞。」身高五呎十吋的柯奇說。她說，她和朋友都夠高了，可以越過身邊大多數人的頭頂來看；但她記得身旁有個比較矮的女人，就因為人潮的壓力而變得愈來愈抓狂。「我們看得出來她發生了問題，也被嚇到了。突然間，她說了句『我覺得我辦不到了』之類的話，於是我們就把她抬起來，舉到我們的肩膀上呼吸新鮮空氣，過了一陣子她才漸漸好轉。」祕密警察稍後報告，有八十個人昏厥、需要治療。

約格・貝內克，那位三十四歲的農夫，在下午四點剛過時抵達演唱會場地。「從今日的觀點來看，根本無法想像那是什麼樣子，」他說：「我們不吃不喝、站在那裡六個小時；我們不能去上洗手間，因為根本就動彈不得。我還是搞不清楚自己是怎麼撐過那麼久的。要是有人昏倒，就乾脆被舉到空中，經過每個人的頭上，傳到後方去。真的是超擁擠的，有時候你會突然被擠到懸空，然後就這樣被左左右右移動了五到十碼的距離，腳根本踩不到地面。但完全沒有暴力，一切都很和平。」

貝內克還記得，自己對群眾的數量和能量都感到驚訝萬分。「我們沒見過這種事情，」他確信這場演唱會改變了這個國家：「對我們來說這一切實在是太超現實了。我們都看到了這件事

情能夠有多麼美妙，現場有三十萬個年輕人，開著這場偉大的派對，我們都嚐到了前所未見的自由滋味。當天晚上，每個人都看到了什麼是可能的，而且在那之後，我們都想要更多。」來自柏林北方某個城鎮的貝內克，前不久在萊比錫與他兒子的女友首度見面：「她的母親也參加了史普林斯汀的演唱會，於是我們馬上就有了可以說上好幾個鐘頭的話題。對於參加過那個場子的人，只要談音樂會的事，就會使人微笑。」

《柏林日報》的記者布吉・華特也同意，史普林斯汀這場音樂會標註了東德共產黨的末日之始。「改變的時刻已經成熟了，」她表示：「自由德國青年團覺得他們可以為年輕一代做些什麼，讓他們快樂。但是在那場演唱會上，每個人都看得出來這根本就是一場鬧劇。不滿的情緒持續高漲，人們再也不想成為這個體制裡的一分子。那是青年團最後的一次嘗試，想要給人們一個保持現狀的理由，但卻造成了反效果，因為每個人看到史普林斯汀的表演後，都注意到了我們其實正在遭受欺騙。每個人都開始思考，何時才能隨時有這樣的演唱會，而非要靠高層人士給予的一點憐憫與施捨。」

攝影記者赫伯・舒茲則說，在史普林斯汀來到東柏林之前，東德就已經有了一種改變的氛圍，人們渴望著改革，也受夠了

遭控制與壓抑。「這個國家的氣氛，在那個時候已經有些改變，而且在過去兩年內，東德人民也漸漸遠離了以往任何人都覺得不可能的那種感覺。國家無法像以前一樣真正地控制群眾了。史普林斯汀來到，正巧一腳踩進這一點，對許多人來說，他就像是一個自由的象徵。」舒茲至今仍驕傲地保存著他所拍攝的彩色照片底片，包括演唱會上的表演、還有建造演唱會場地的過程，他很得意地展示這些歷史記錄。

「史普林斯汀的這場演唱會，和我們在東德所經歷過的任何事物都不一樣，你可以感覺到這次之後氣氛就改變了。」安德里亞斯・杜波依斯（Andreas Dubois）說，他當年是個二十七歲的科學家，很早就抵達威森斯，因此可以在舞台不遠處占到一個位置。「第一次有世界級的巨星來為我們演唱，群眾對他在舞台上的一舉一動如痴如狂，投入的程度不可思議，史普林斯汀成功地把群眾帶到了他所想要帶到的方向。每個人都感覺得到，他想確定每個人都很開心，每個人都看了一場很棒的演唱會，每個人回家之後都會感覺好一點。當天晚上，群眾之中有一種情緒，就是再也不想活在圍牆之後了。這種情緒之前已漸漸在每個二、三十歲的人們之間發酵，認為東德不能再像以前那樣繼續下去了，有些事情必須改變。接著史普林斯汀和他

的演唱會來了，正巧符合了這一切。」

對許多東德人而言，這是他們生命中最激烈的一次經驗。嘉特納說，對東德人來說這一刻有如奇景一般，但同時也讓人們更加渴望著史普林斯汀所象徵的自由。「演唱會結束後，我們都得走路回家，因為街道封閉了，大眾運輸和汽車都動彈不得，」嘉特納回憶道：「到處人山人海。當天晚上在東德街頭漫步的人群龐大無比，感覺就像是一場很大的示威遊行之類的，每個人突然之間都充滿了高度的希望，一切都令人很亢奮。」

那是嘉特納和沃佐最後一次在東德共同度過夏天。沃佐在十個月之後，也就是 1989 年 5 月，透過匈牙利與奧地利之間一道新的鐵幕縫隙，逃離東德前往西德。嘉特納在五個月之後，即 1989 年 10 月，也追隨他離開了東德——那正是柏林圍牆被拆掉的一個月前。「我們已經受不了了，而且厭倦這些禁錮不斷告訴我們哪些能做、哪些不能做，還有那些強加於我們身上的規矩，且無法自由說出自己心裡的話，」沃佐說，他現在居住在 1989 年離開東德前的同一個柏林社區：「我們都把史普林斯汀的那場演唱會當成一個記號，顯示出東德領導者的放棄之舉。他們都知道，自己必須更努力才能使年輕人高興。但那絕對是不夠的、也不會有效，在那之後我們只想要更多的

自由。」

　　其他曾參加過那場演唱會的東德人，如今仍面帶陶醉地回憶著東德歷史上那獨特的一刻，也同意從此東德的狀況便大不相同了。對許多人來說，那是他們第一次身處某個龐大的群眾之中，因為共黨當局對示威集會甚或一群人的聚集，都有著嚴格的禁制。很多人還記得當時那種被賦與權力、以及一種新集體力量的感受，而這正是東德統治者所畏懼的反叛舉動。

　　共黨始終都對小群體的抗議者集會感到憂心忡忡，怕他們會導致更大型的運動，動搖極權國本。所以，對史普林斯汀演唱會上這三十萬人來說，當天晚上是他們所參與過最大型的自由集會。「東德有很多官方的集會，但我們都得搭上巴士被載到某個地方去，才能夠參加，」柯奇說：「這是完全不一樣的。我們到那兒去，是因為我們想去，並不是因為我們必須出席，我們不是被送到那裡去的，我們是出於自由意識去那裡的。那是一場美妙的音樂會，氣氛無與倫比，和我們之前看過的東西都完全不一樣。」雅娜・馮・霍登堡（Jana von Rautenberg）在1988 年時二十三歲，當時她在東德電視台工作，對群眾的數量和能量也肅然起敬。她還記得整個東柏林城市，在演唱會那天都是紛紛嚷嚷的。「每個人都心情大好，因為我們知道史普林

斯汀就要來了，」她回憶道：「他要來東德為我們演唱，這簡直就像在做夢一樣；這全都太難以捉摸了，看起來就像從另一個星球上來的東西。」

琵雅特‧克利斯（Beate Kriese）當時只有十九歲，她從這個國家的東北方旅行了三個小時，來成為這場空前龐大集會的一員。「我們對史普林斯汀所知甚少，但卻也難以相信這樣一位來自西方的國際級巨星，真的要來東德為我們演出了。我們非常高興能有這個機會到現場去看一位如此重要的藝人演出，這為這個國家帶來了一次國際性的激盪，是我們前所未見的。」

魯茲‧羅斯勒（Lutz Rösler）是位於東柏林南方特爾托（Teltow）一所貿易學校的老師，當年四十三歲，他從自由德國青年團那裡得到了一張票，那是他在當地青少年聯賽中擔任足球教練的一份謝禮。「當時的氣氛難以用言語形容，」羅斯勒回憶著：「那種大明星不會每天都到東德來，你知道的。在他為我們演出的那幾個小時裡，再也沒有東德或西德的分界，柏林圍牆也不存在，冷戰也消失了，所有的邊界似乎都不見了。」之前他並不是史普林斯汀的歌迷，但知道有很多學生都是，因此動身前往柏林以前，他根本不敢提到這件事。「第二

▲東德的年輕人手中拿著官方海報，在威森斯等待演唱會開場。

天早上，我看起來一定有點累。學校裡的孩子問我到哪兒去了，我說我去看布魯斯了。他們根本不信。他們對這件事也非常生氣，自己想去得不得了，結果卻聽到他們老師在這裡說他去過了。」羅斯勒在演唱會結束時，當然也變成史普林斯汀的樂迷了。

英克・漢德克也認為，1988 年這場演唱會上發生的事是她以前從未在東德見過的。從小，孩子們在學校裡就被教導成把美國人當成想用核子武器毀滅家園的大壞蛋，在這樣一個國家的正中央，竟然有一大群人聚集在一起，集體崇拜著一個美國人。「我覺得一切都好不真實。」她說。漢德克與羅斯勒二十四年後都再度前往觀賞史普林斯汀的表演，那場柏林統一之後的演出地點位於奧林匹克體育場（Olympic Stadium），五萬八千張門票完全售罄。

馬蒂亞斯・貝克相信，這場演唱會改變了他的人生。貝克在 1988 年時是個二十二歲的木匠，也在當天晚上之後成為史普林斯汀的終身歌迷。他從齊陶（Zittau）搭了三個小時的火車來到東柏林，甚至連演唱會門票也沒有。他和許多在東德的同胞一樣覺得生活十分窒息，想說史普林斯汀的演唱會是個機會，可以讓他一窺另一個世界。「我來到東柏林，希望能想辦法進

入演唱會裡，」貝克回憶道，並說只要一想起 1988 年的那個夜晚，他隨時都會起雞皮疙瘩：「氣氛實在是太瘋狂了。這些群眾是我見過最大的一群人，每個人就這樣橫掃而入，不管有沒有門票。」舞台旁邊的人群實在是太擁擠，讓他的腿過了一會兒便不禁顫抖起來。「就算我的腿斷了，可能還是會被簇擁著站起來，因為所有人都緊緊地擠在一起。」他說，最後他終於受不了那種壓力帶來的疲勞，於是往後移動。

奧利維・米考斯基（Oliver Michalsky）在 1988 年時還是個學生，年紀是二十四歲。他很驚訝地發現，像史普林斯汀這樣的西方巨星竟然真的會來東柏林。雖然有部分原因是基於自由德國青年團遲來的努力，但那一年東柏林有過幾場西方的演出，卻沒有一個是像史普林斯汀這麼有名的。米考斯基目前是《世界報》（*Die Welt*）的副主編，他也說沒有其他人會像史普林斯汀一樣，讓自由德國青年團死也要在那場演唱會硬加上聲援尼加拉瓜的共產主義標籤；他至今仍得意地保存著那張「為尼加拉瓜而唱」的票根。

「自由德國青年團會想要用『支援尼加拉瓜的行動』這種方式來推銷這場演唱會，完全不令人感到意外，」米考斯基說：「但對大多數人來說，那根本不關我們的事，我們只是想看史

普林斯汀。有這麼龐大一群人動身前往那裡，接著我們就到了那裡，看到這塊巨大的場地上擠滿了這麼多人，那是一種偉大的經驗，即使音質爛到不行。剛開始的時候我離舞台有好幾百碼遠，幾乎什麼都聽不到。往前推進大約一個小時以後，終於設法靠近了半路上設置的那幾個擴音器旁邊，至少能聽到他的音樂。我朋友放棄而且離開了，但我還是留到了最後。」

米考斯基就像其他許多進入威森斯演唱會場地的人一樣，說他還記得有看到安全閘門被蜂湧而至的人群推倒的場景。「我從來沒見過這種事情，」他回憶道：「看著那些柵欄倒下，那和我們以往在東德所習慣的一切是完全相反的。一般來說，德意志民主共和國是個很有秩序的地方，到處都有嚴密的保安。被踐踏在腳下的柵欄，並不是生活中的一部分。」當米考斯基跨過那些倒下的路障時，壓根沒想到他可能正在親眼目睹德意志民主共和國頹圮的開端，他的腦袋裡想的是更實際的問題：「我唯一想到的事就是：『喔，呼，我猜應該終於不用買票了。』」

九個月前，米考斯基也看了一場巴布·迪倫的演唱會，對於這位美國創作歌手明顯對觀眾缺乏興趣感到相當的失望。相反地，史普林斯汀則是一次截然不同的經驗。「他在威森斯全

心演出。」米考斯基說。他給了東德群眾一次淋漓盡致的演出，並獲得他們的深刻景仰。「他完全投入於觀眾之中，」他回憶著：「但迪倫真的很令人失望。他開始時沒說任何一句歡迎的話，最後甚至也沒說再見，一個字都沒說。他只是幹完自己的活，唱幾首歌，然後就收工了。真的很讓人失望，因為迪倫在東德是一個備受尊敬的人，但是當時的氣氛真的很僵。史普林斯汀就不一樣了，他對聽眾說了很多話，為我們全力以赴，那場表演太棒了。」

迪崔許·布魯在史普林斯汀與團員下榻的柏林大飯店擔任門房，他從某個工作人員手裡得到了一張票。布魯還記得那是一場燦爛無比的演唱會，史普林斯汀的全心演出非常值得敬畏。「音樂說明了一切。它對人們有著壓倒性的效果，音樂太有力了，真的令人印象深刻。對我們所有在現場的幸運兒來說，那是個情緒澎湃的夜晚。看看我吧，」他臉上浮起一抹微笑：「即使已經過了二十五年，我只要想到那天晚上，精神就會為之一振。每個去過那裡的人，都還是談論著它。」

史普林斯汀不僅在舞台上令人印象深刻，布魯記得，在飯店裡他也是個很有親和力的客人。「他非常謙虛樸實。他常在大廳裡待著，和其他樂團團員或是女友在一起，他一點都不矜

持，就只是個普通人。演唱會隔天早上，我在大廳看到他，過去對他說：『謝謝你，表演超棒的。』我告訴他，東德人可以看得出來，他在那裡唱歌是為了這些沒人會為他們設身處地著想的人們。我告訴他，那是表演中很棒的一個部分，也是造成踴躍迴響的原因。接著，他對我感謝這場演唱會，開始表示感謝。你相信嗎？他真的感謝我了！就像做夢一樣。」

對許多東德人而言，這場演唱會毫無疑問是通往 1989 年秋天革命的一塊重要踏腳石。但也有些人只記得，那是一場超棒的演唱會，和政治或是接下來的社會動盪幾乎毫無關連。「往後回顧，你的確可以把它當成是接下來一年中發生的事情（包括圍牆倒塌）中的一塊拼圖，」漢德克說：「人們亟欲改變，當時我們也想對此做些事情，至少是在我們的心裡。在那個時候，我們都覺得自己被鎖在東德了，我們能做什麼、該想什麼、能說什麼，都有著許許多多的限制。政府可能覺得史普林斯汀的演唱會可以發揮一點『安全氣閥』的功效，釋放一點壓力，這樣他們在未來才能更長久地掌權，但這只是讓我們更加飢渴而已。」

貝克說，東德始終擁有對自由的飢渴，就潛藏在表面之下，即便是在史普林斯汀來到之前，就已經存在了。「對自由的欲

望，始終存在我們心中。」他說。這位年輕的木匠在一年前，也就是 1987 年，曾是那些聚集在柏林圍牆旁邊、想聆聽西柏林演唱會的那些群眾之一，當時東德警方用警棍打了人。貝克還記得，對其他許多的東德人來說，史普林斯汀的演唱會是他們生命中的一個轉捩點，也改變了他們對共產主義、對自己的國家以及對被脅迫的生存狀態的看法。多年後德國統一了，貝克參加了一場西德的演唱會，遇到一位和他年紀相仿的西德人，每當貝克提到他看過史普林斯汀 1988 年的那場演唱會，那個人就會開始流下嫉妒的淚水。

東德的情況在 1980 年後半期的確明顯惡化。人們對現狀的挫折感與日俱增，要求正式離境簽證的人數也在增加，即使必須經過漫長等待並備受羞辱，他們也不反悔。「當時有許多不滿情緒，人們充滿牢騷，想要活在自由世界裡。」貝克說：「1980年代晚期，東德的情況不斷在改變。」

喬治・葛文斯基，那位來自巴伐利亞的司機，在見證 1988年 7 月 19 日東柏林所發生的一切之前，已經看過很多次史普林斯汀的演唱會。他也說這改變了他的生命，也相信這次演唱會改變了歷史的進程。「整場演唱會都波濤洶湧，」他說：「這不在計畫之中，也沒人期待會發生那種事情。但那是德意志民

主共和國改變的一個前兆，那絕對是結束的開始。」

康妮・鈞特，那位由藝人經紀部指定、在這兩天擔任史普林斯汀翻譯的東德女士，則把它稱為一場孕育了改革運動的神奇演唱會。「我們渴望著改變，」她回憶道：「我不知道是不是每個人都聽到了他的演說，或有沒有聽懂，但他們確實明白他來到他們面前所想要表達的事情。東德的氣氛在那場演唱會後就改變了，人們興高采烈地離開演唱會回家，這種心情也持續了下去。有好幾個星期，人們都在談論這場演唱會。有這麼一位從西方、來自美國的巨星，他來到了這裡，關切著我們的命運，他提到，有一天這裡不會再有任何障礙。成為這樣的群眾中的一份子後，你會覺得自己更堅強了，我們開始不再恐懼。東德當局把史普林斯汀和其他西方樂團帶來，試圖釋放壓力，但這一切卻適得其反，不但沒有釋放壓力，反而讓年輕人更深入思考自由的意義。」

史普林斯汀的經紀人兼好友藍道說，樂團也被群眾的數量給嚇到了，史普林斯汀也對這次經驗深感敬畏。他花了半個小時想在人群中開出一條路，想要前往外圍邊緣擠滿人的野地上，這種事情對他來說也是空前絕後的。「對我們所有人來說，這都是一次偉大的經驗，」藍道說：「對樂團來說，可以

站在舞台上與這麼一大群聽眾互動，是一次很棒的經驗，我們之中沒有任何人會忘記這件事。在那個場地，那塊巨大田野上的電力，也彷彿像是個奇觀，我還記得布魯斯臉上的笑容大到不行。設身處地想想：能來到一個不同文化、不同體系中，以某種深度將人們聯合在一起，並且把聽眾集中起來創造出一種共享的經驗，那是一件很奇妙的事情。」史普林斯汀也談過這次東德經驗。多年後，他在 2012 年回到已統一的柏林，在奧林匹克體育場舉辦「分崩離析巡迴演唱」中的一場演唱會時，他發現有個靠近舞台的歌迷，手上拿著一個標語，簡單寫著「東柏林 1988」。當天晚上數以千計前去聽音樂會的人，都曾去過那場 1988 年的演唱會。史普林斯汀在歌曲之間休息了一下，並接受了那張海報當做一份禮物。他對那份回憶露出微笑，並回憶了那場演唱會。「有時，你曾在某個地方演出過，這場表演就常駐在心中、跟隨你一輩子。1988 年的東柏林絕對是其中之一。」

1988 年之後，史普林斯汀一次又一次回到柏林，這個新統一的城市對他的著迷程度，正如同他對這座城市的著迷程度一樣。1993 年，他在西柏林的「森林舞台」（Waldbühne）演出；1995 年他再次回到這個全世界他最喜愛的城市之一，為

〈飢渴的心〉一曲拍攝音樂錄影帶。拍攝場景在普倫茨勞貝格的一個咖啡廳，當時叫做艾克斯坦咖啡廳（Café Eckstein），現在叫奶油咖啡廳（Café Butter）。秉著完美主義者的精神，他和樂團團員（包括 BAP 的主唱沃夫崗・尼德肯也參與其中）一共演奏了約十次才終於滿意。由於設備都架設好了，而且史普林斯汀也樂在其中，於是他們便為聚集在咖啡廳裡裡外外的人們演唱了幾首歌，成為一場難以置信、自發性且免費的演唱會。在〈飢渴的心〉的 MV 中，史普林斯汀開著一台敞蓬跑車在柏林兜風，並穿過六年前因柏林圍牆倒塌而敞開的布蘭登堡大門。他也開車穿越一個半英里長的柏林圍牆保留區，被稱為「東邊藝廊」（East Side Gallery）的地區，並凝視了殘存的柏林圍牆好一會兒。他對柏林圍牆那些覆蓋著塗鴉的地磚極為滿意，現在這裡已是觀光景點，再也不能把柏林和世界分隔開來了。史普林斯汀很有可能也在回想著 1988 年那個神奇的夜晚，猜測著發生在威森斯的那些事情，是否成為後續歷史事件的催化劑。

　　1995 年，史普林斯汀再次前往柏林演出，地點是在西柏林的國際會議中心。1999 年，他回到柏林東南方的伍海德（Wühlheide）參加兩次演出；2002 年時，則在維洛德美單車場（Velodrome cycling track）舉辦室內演唱會；2005 年再次於

國際會議中心開唱，2012 年則在奧林匹克體育場開唱。

▶▶後頁圖片：布魯斯到場時，演唱會場地已經擠得水洩不通，現場至少有
三十萬人。

TEARS IN

Well everybody's got a hunger, a hunger they can't resist
There's so much that you want, you deserve much more than this
Well, if dreams came true, aw, wouldn't that be nice
But this ain't no dream, we're living all through the night
You want it? You take it, you, you pay the price

*– Prove It All Night*

# HIS EYES

第十章

他眼中的淚光

嗯，每個人都有一種飢餓感，一種無法忍受的飢餓感
你想要的那麼多，你值得比這更多
嗯，假如夢想成真，喔，那不是很棒嗎
但這不是夢，我們活著度過這夜晚
你想要這樣嗎？就拿去吧，你，你會付出代價的

──〈用整晚來證明〉

共產東德從此再也不一樣了。演唱會結束後的十六個月內，柏林圍牆倒塌。漸漸地，被稱為「德意志民主共和國」的這個國家也消失了。

　　史普林斯汀的經紀人瓊·藍道說，「老闆」史普林斯汀去東柏林的時候，當然沒有改變世界的意圖；但在那個夏天夜晚，看到了那麼龐大的人群與他們眼中的飢渴時，他很快就知道這不只是又一場搖滾演唱會而已，那是一場改變東德的演出，同時也改變了史普林斯汀。「布魯斯在演唱會結束後走下舞台，我們討論（你知道的，只是私底下聊聊）看到這種爆炸性的數量、還有那些能量，我們都覺得東德馬上要發生極為巨大的改

變了，」藍道說：「我們就是有這種感覺。之後我們談論此事時，都覺得這個體系、這些人們、人群中的這些人，以及我們的聽眾，都在試著逃脫這牢獄，他們已經準備好要改變了。你可以感覺得到，情況需要改變。」

藍道說他們在東柏林待的時間不夠久，以致於無法知道接下來那導致柏林圍牆倒塌的關鍵十六個月是什麼樣子。但他們都感覺得到群眾之間那些卓越的能量，以及對改變的巨大渴望。「我們感覺得到，控制人們循規蹈矩的力量正在迅速消退，且變成了現在這種狀態。」藍道表示，史普林斯汀的演唱會是否有助於釋出瓶中精靈，這要由歷史學家來決定，但樂團裡的每個人都感覺到，那天晚上在那塊土地上發生了特別的事情。「假如我們對那一切做出了任何一絲貢獻，那就太美妙了。而且若那場演唱會有助於動搖東德的某些事物，那也太棒了。在圍牆倒塌時，雖然我們和其他許多人一樣歡欣鼓舞，但從來沒有假設自己和這件事有關。假如別人相信我們在其中扮演了某種角色，那就再好不過了。但是說真的，這是要由別人來評斷的，對我來說，就像是我們在正確的地點、正確的時間，和正確的聽眾一起做了正確的事情。對我們來說那仍是扣人心弦、令人滿足的一刻，即使是過了這麼多年以後。」

藍道說，史普林斯汀感受到了東德人對自由的渴望，他們感覺到改變就在空氣之中。「我們看到了這一點，你也可以從群眾中感受到這一點，」他回憶著：「來到那場表演，就不可能感受不到對改變的希望。我們當然能在那裡感受到那種能量，我們帶到東柏林的那份精神，正是：『嘿，這是一場冒險，不一樣的東西。』或許適逢其時，但我們並不是帶著傲慢、或自認是從西方來傳遞福音的心態，完全不是那樣的。但是換言之，我也不會忽視其後果。結果是爆炸性的，它引爆了這一切。」

　　不僅是人群的數量（無論是十六萬、三十萬還是五十萬），東德還有數以百萬計的人在電視上收看、或在收音機上收聽現場轉播。除了破紀錄的人群，史普林斯汀和聽眾之間的能量也使這場演唱會無可匹敵；當時他們之間的興奮感，在東德歷史的轉捩點上形成了一種令人難忘的連結。「每個人都帶著史普林斯汀所創造出來、不可思議的氛圍，踏上歸途。」年輕記者切諾‧喬巴提說。他是〈生在德意志民主共和國〉的作者，這是一篇刊登在《時代》報紙上的長篇專欄文章，內容講的是史普林斯汀對於前往東德演出的渴望。「演唱會結束以後，四處似乎都有一種肅靜噤聲的氣氛，但每個人都在微笑。他們彷彿在說：『哇，我看過了耶。』彷彿有人感動了他們的靈魂或是

怎樣的，當天晚上到處都是快樂的人們。」

對自由德國青年團來說，想要安撫或穩定年輕的一代可能已經有點太弱、也太晚了，想壓制他們對更多自由的渴望更是無濟於事，東德領導者的如意算盤是大大打錯了。最後，這場演唱會造成了相反的效果，反而成為改革的強力媒介。

史普林斯汀聚集了三十萬名對自由如飢似渴的東德年輕人，給他們一種全新的集體經驗，還有一種能量的滋味、興奮感、以及人群大量聚集的活力。這場演唱會明顯啟迪了許多東德年輕人，對他們那備受壓迫的生活採取新的觀點，並且激發他們在更自由的世界裡、對未來擁有更美好的渴望。史普林斯汀在東德的這場演唱會，比起 1969 年 8 月在美國撼動了他們上一代人的胡士托音樂節，在某方面來說影響要更加深遠。胡士托常被稱為是美國音樂史上最關鍵的一刻，是「三個和平與音樂的日子」，有三十二組樂團在紐約州北部一塊潮溼的場地上演出。胡士托最後因為有五十萬人欲得其門而入，也成了一場免費的演唱會。

東柏林在史普林斯汀身上留下了烙印。他深受這場演唱會的感動，把它稱為自己最值得紀念的一場演出。幫史普林斯汀翻譯訊息給東德聽眾的葛文斯基，有生之年看過許多搖滾明星，

但他表示自己絕對不會忘記，布魯斯說出那段反圍牆的演說後全場所爆出的如雷掌聲，讓史普林斯汀和他的樂團成員有多麼感動。「他們真的、很真心地被觸動了，」他說：「布魯斯和每一個團員，眼中都含著淚水。」

多年後，在一次紀念威森斯演唱會十周年的德國衛星一號電視台訪談中，史普林斯汀表示，在東柏林演出對他和整個樂團來說，絕對是一次超乎尋常的經驗。「那是我們演出過最龐大的一場演唱會，和其他所有演唱會都不一樣。在一個正在發生某些事情、空氣中瀰漫某種東西的地方演出時，就會受它們的影響，」史普林斯汀說：「突然間，一切都與過去那上百個夜晚不一樣了，那就是我的音樂應該要說的事情。」史普林斯汀也說，他永遠不會忘記那些舉著自製美國國旗與標語的東德人，他們眼中的神情。「我還記得群眾中的某些臉孔，那些人帶著這些用布片黏在一起做成的美國國旗。對我來說真的是很感動，非常感性。」史普林斯汀雖然通常都會避免比較自己的演唱會，但他還是說，東柏林讓他和他的樂團全力以赴。他表示：「我認為，這是我們長久以來最優秀的一場演唱會。」

2012 年 5 月 12 日，史普林斯汀在柏林奧林匹克體育場的「分崩離析巡迴演唱」門票銷售一空，即便已經過了四分之一

個世紀，那場東柏林演唱會仍在他心目中占有極大的地位。史普林斯汀以一首名為〈當我離開柏林〉（*When I Leave Berlin*）的歌開場，那是一份獻給 1988 年東柏林的特別致意。〈當我離開柏林〉是他親自將英國吉他手兼創作歌手威茲‧瓊斯（Wizz Jones）1973 年所寫的歌曲重新改編的。「這是我們為你們學來的東西。」史普林斯汀說完後，簡短地點點頭，彷彿是在說「柏林，謝謝你們」，讓他成為有史以來最偉大、最重要的一場搖滾演唱會中的一分子。歌詞裡寫到：「當早晨降臨，我將離開柏林，我的心意在改變，我的心情在渴望，都是為了你。」他為這首歌加上了幾句自己改編的歌詞，例如：「今天我來到這裡，但圍牆已經開啟，士兵與槍也已消失無蹤。」還有，「我很清楚，當我離開柏林時，我已是個自由人。」

所以，史普林斯汀的那場演唱會究竟對 1988 年與 1989 年橫掃東德的那些發展，造成了什麼樣的影響？有數名歷史學家與音樂史學家相信，這場演唱會對東德造成了持續且深遠的衝擊，雖說仍有一些人對於將它與十六個月後柏林圍牆倒塌畫上

直接連結，抱持著謹慎的態度。

「史普林斯汀的演唱會和演說，在廣義上來說，的確對後續導致圍牆倒塌做出了貢獻。」柏林洪堡大學歷史教授格爾德・迪崔希如此表示。他說，自由德國青年團希望年輕人在看到像史普林斯汀這樣的人物後，便可以對自身處境感到滿足。「但這卻沒有照計畫發揮效果，反而使人們渴望得到更多，更亟欲改變。主辦者想要展示自己的開放，但史普林斯汀卻反而引起人們對西方更大的興趣。這告訴了人們，自己被禁錮的程度有多深。」

哈勒－維騰貝格馬丁路德大學（Martin Luther University in Halle-Wittenberg）的講師湯瑪士・威爾克（Thomas Wilke），曾大量撰寫關於搖滾與流行樂對東德之影響的文章。他很確定，東德的氣氛在史普林斯汀演唱會後的確有所改變，而且舉國上下——不管是在演唱會現場、在電視上看過、在廣播聽到，或不管透過什麼管道，都知道有這件事。他當時只有十三歲，但還記得在媒體上讀到、聽到這場演唱會的事蹟。他說，這場演唱會使東德共產黨員極為窘迫不安，因此他們未曾再允許過像這樣的大型演唱會；雖說像克勞斯這些自由德國青年團的領袖，一直希望在一年後的 1989 年夏天進行一場泛柏林演唱會，並找

愛爾蘭搖滾樂團 U2 來演唱。

「史普林斯汀的那場演唱會，對東德造成了不少改變。」威爾克說：「那是東德有史以來最大的演唱會，事後好一陣子也都是人們討論的主題。即使我們對因果論要採取保留態度，但東德在那場演唱會過後，的確很明顯地有了一種不同的感覺和一種不同的情緒。」約亨‧史塔德在東德是個不受歡迎的人物，因為他在圍牆西邊的柏林自由大學，對這個國家的發展多有批判。他同意，東德政府引入史普林斯汀想要緩和年輕一代的計畫並未成功，反而使情勢更加不穩定、站不住腳。「史普林斯汀的演唱會對於東德政權的崩潰以及柏林圍牆的倒塌，都是促成的因素之一，」史塔德很明確地指出：「現場或是在電視上看到這場演唱會的人們都會心想……『如果這種事情現在在這裡就可以發生，那麼，之後可能會發生更多事情。』」

1988 年夏天，沒人能預料或夢想柏林圍牆會在一年多後倒塌。史塔德也不這麼認為，但很明顯地，許多改變橫掃了這個國家，而史普林斯汀的演唱會是其中一個重要的催化劑。「這個國家必須對史普林斯汀這樣的人物開放，本身就是一個有問題的訊號了。而當史普林斯汀這樣的人物在這麼龐大的東德年輕群眾面前演出時，這對那些當權者來說一定是個清楚的訊號：

『嘿，我們想要一種不一樣的生活。』這也對全東德的人放送了一份強烈的訊息。」

從 1985 年戈巴契夫崛起，乃至柏林圍牆在 1989 年開放，史塔德說對於東德政權能夠被推翻，並接受之前它所抗拒的發展，這件事常使他感到驚訝，舉例來說，就像是東德政府對西方搖滾樂逐漸放鬆的態度。史普林斯汀的演唱會正符合潮流，同時也將它帶到了另一個層次。他說：「新鮮的是，有那麼多人去了那裡，在演唱會上分享著共同的情感，而且他們在做的事，都是出於自願的。」演唱會不僅是一場搖滾樂的演出，它激起了東德人，鼓勵許多人在表達欲望時更為勇敢，它賦予了人們對自身權力的全新感受。「東德政權會讓這種事情發生，實在是太令人驚訝了。」

就在一年後，1989 年 9 月成千上百的東德人開始走上街頭，以史普林斯汀演唱會之前根本不可能的方式進行常態性的示威，要求東德政府改變。東德的官方電視台很盡責地忽視了這些東德群眾的聚會，但西方的電視台卻報導了這些示威。史塔德說：「德意志民主共和國的人民，看到這麼多人聚集在一起，再也沒那麼驚訝了。我想，那是因為他們在史普林斯汀演唱會之後，已經培養了自信心，那場演唱會對於那種心情也造

成了效果。」

　　東德諸多城市裡的群眾示威活動，源起於史普林斯汀演唱會後的十三個月左右，時間是 1989 年 9 月 4 日。在那之前，上演一場反對共黨政權的大規模抗議活動仍是無法想像的。但整個 1989 年 9 月，遊行逐漸在萊比錫、德勒斯登、馬德堡、羅斯托克和波茨坦等地獲得支持，集會的口號是「我們是人民」。這些和平的反政府抗議形成的壓力，最終直接導致昂納克政權在 1989 年 10 月崩潰，並在一個月後，柏林圍牆終於打開了。

　　克雷格・沃納（Craig Werner）是威斯康辛－麥迪遜大學的音樂與文化史教授，他說流行文化和社會變遷之間的聯繫，是很容易受到忽視的；他相信，史普林斯汀的演唱會對於東德歷史的進程有清楚的效果。「音樂對於推動一個已然存在的運動而言，可以扮演著重要的角色。」沃納說，他同時也是搖滾名人堂[1]的提名委員之一，並在大學教授史普林斯汀音樂之影響力的課程。「1988 年的東柏林，就是那種音樂可以支持、啟發積極行動者或潛在行動者的地方。史普林斯汀的演唱會本身並未導致柏林圍牆倒塌，但它是種種組合因素中相當顯著的一部分。當時的東柏林，是一個史普林斯汀能夠扮演重要角色的地方。」

馬蒂亞斯・多夫納（Matthias Döpfner）是艾索・史普林格出版公司的總編輯，之前也當過樂評，他在史普林斯汀東柏林演唱會的前幾天，為他另一場位於法蘭克福的演出在《法蘭克福匯報》（*Frankfurter Allgemeine Zeitung*）寫了一篇評論。最近一次採訪裡，多夫納在他那個可以俯瞰曾經聳立柏林圍牆之處的辦公室中，說他堅信搖滾樂的力量，因此很能夠想像史普林斯汀在威森斯的演唱會，對東德人有著革命性的影響。「我真的這麼相信，在正確的時間、正確的地點，比起許多聰明人那些充滿五花八門邏輯辯論的機智演講，藝術家更能夠改變這個世界。」

---

1　譯注：搖滾名人堂（Rock and Roll Hall of Fame）成立於 1986 年，位於美國俄亥俄州克里夫蘭，專門紀錄那些最為知名且有巨大價值的音樂家、樂團、製作人，及其他對音樂產業有重大影響的人的歷史，特別是搖滾樂領域。搖滾名人堂最初分為四項獎域：演出者、非演出者、早期影響與終身成就。直到 2000 年，新設置了「伴奏者」一獎項，並取消了早期影響獎項。搖滾名人堂基金會在紐約，一年一度進行評選並舉行頒獎典禮；入主的音樂人被提名的時間必須距離首張專輯發行二十五年以上，此外要對推動搖滾樂發展做出了足夠的貢獻。入選者由搖滾名人堂基金會提名委員會先行提名，提名委員會約有三十五名成員，由樂評人、音樂家、唱片公司高階主管與經紀人等組成。選出十幾個提名者後，再提交給由六百名投票者組成的團體，其中包括名人堂之前的入駐者、若干音樂產業內部人士和樂評人等。獲票數最多的五、六名候選者獲得入駐名人堂榮譽。

史普林斯汀也曾談過這場東柏林演唱會，以及它所帶來的影響。他純粹被那龐大無比的人群感動了，群眾中有許多面孔也觸動了他，那些面孔上帶著「難以置信，這真的在這兒發生了」的微笑。那些東德年輕人開懷大笑的臉孔，也可以在東德演唱會的電視轉播上看到，目前在網路上也找得到。他們的臉上帶著不可置信的笑容，和十六個月後柏林圍牆倒塌、千百位東德人生平第一次衝進西柏林時臉上所帶的微笑，有著驚人的相似性，而這些笑容也被世界各地的電視新聞攝影機給拍了下來。

　　史普林斯汀則因為這次在鐵幕後演出的經驗，受到了另一種激勵。他不確定在這個連人類基本自由都被否決的國度中，自己能從聽眾身上得到什麼，但他卻亟欲吸收那種氛圍並從中汲取養分，可能希望自己也能在東德學到一點東西。

　　「那是完全不一樣的，」威森斯演唱會過了十年後，史普林斯汀在某次東德電視台的訪談中如此說道：「你知道的，我們已經習慣自由了。有時候你會覺得自由是理所當然的，這是再自然不過的，那是擁有自由這件事當中最奢侈的一部分。但我不是很清楚，是不是理當如此，我們在東柏林演出時，他們

連自由都沒有。這從根本上影響了那場演唱會，包括演出的目的，以及演出的相關內容。有時候，一個藝人在反對某件事情時，反而最能發揮自己。假如一切都得來太容易，那麼工作也只會變成一種理論而已。但當它變得實際且真實時，這也可以是充滿力量的；對聽眾來說又是孑然不同，那是很令人興奮、直接且激烈的。」

時至今日，東柏林這場特殊的演唱會，仍在史普林斯汀心中占有一席之地。2012 年 11 月美國總統大選期間，他提到了一些「令人振奮的時刻」，比方說在東柏林的演出，當時他和妻子派蒂在世界上旅行時所經歷到的：「我們在柏林圍牆倒塌的前一年，在東柏林演出；而且在納爾遜·曼德拉被釋放、種族隔離政策結束的前一年，我們則是與國際特赦組織在一起，」他說：「有些日子，你可以感受到風向的轉變，世界就在你的腳下移動著。」

▲左上：辛蒂・歐皮茲，一個到東柏林旅行、想要捕捉西方流行音樂的美國人。
▲右上：醫學生芮亞・柯奇，對於沒有門票卻能夠入場，感到驚訝萬分。
▲左下：安德里亞斯・杜波依斯，演唱會當時離舞台很近，因為他提早好幾個
　　　　小時就到了。
▲右下：1988 年的歷史學家約亨・史塔德，正在展示他的鼓技。

▲左上：奧利維‧米考斯基，當時因為人群太多，努力了一番才聽到演唱會。
他正在展示東德社會黨的官方報紙《新德國》（*Neues Deutschland*）。
▲右上：東德農夫約格‧貝內克，開了好幾個小時的車來聽史普林斯汀演唱會。
▲左下：康妮‧胡達，史普林斯汀的翻譯，演唱會前坐在舞台上。
▲右下：康妮‧胡達和美國歌手湯姆‧派蒂（Tom Petty）的合照。

因為夜晚屬於我們

——〈因為夜晚〉

# 後記

　　史普林斯汀演唱會後的幾個月，東德吹起了改變之風。就
在六個星期以後的 1988 年 9 月，東柏林的潘科區（Pankow）
出現了許多要求高中校園言論自由的示威遊行，地點就在威森
斯的場地附近。演唱會過後四個月，也就是 1988 年 11 月，東
德各地對於政府突然禁掉《史普尼克》雜誌，引起廣大的抗議
聲浪。

　　再幾個月之後，鐵幕終於在 1989 年 5 月時，因匈牙利拆下
它與奧地利之間的鐵絲網柵欄而開啟裂縫。1989 年 7 月，也就
是史普林斯汀演唱會一年過後，東德的首波反對運動「新論壇」
（Neues Forum）創立——雖然很快就被共黨政府取締了。1989

年 9 月，萊比錫、東柏林等全國各地的許多城市，每個星期都可以看到規模極為龐大、要求改革的和平示威遊行。共黨領袖昂納克嚴苛的統治在 1989 年 10 月毫無預警地崩潰，並在一個月後，柏林圍牆倒塌了，時間是 1989 年 11 月 9 日——這也象徵了冷戰的終結。東德首度自由、多黨派的選舉於 1990 年 3 月舉行，1990 年 10 月 3 日東德與西德統一，並成為德意志聯邦共和國的一部分。

與那些 1988 年 7 月參與演唱會的人們談話，他們會告訴你，德意志民主共和國在史普林斯汀來過之後就變成一個不一樣的地方了。截至當時，生活完全受到共黨獨裁政權緊密控制與貼身監控的年輕一代與稍長的一代，突然就變得比較不怕站出來對抗權威，讓自己的聲音被聽到。東德革命的根源可以很清楚地回溯到某些關鍵時刻，例如史普林斯汀在威森斯的搖滾演唱會，幫助了許多東德年輕人找回屬於自己的聲音，並告訴他們，自己可以變成什麼樣子；同時，它滋長了對共產東德日漸高漲的幻滅感，並且轉化為更廣泛的反叛——這種反叛來自於對自由的渴望，這也正是史普林斯汀的縮影。那就是摧毀柏林圍牆的力量。

**Danke für ein großes Konzert**

*Thanks for A fantastic Night in East Berlin. We will always remember! p.s. Hope to see you soon.*

Foto: JW-Bild/Kaufhold

Danke für eine phantastische Nacht in Ost-Berlin. Wir werden uns immer daran erinnern! PS: Hoffe, euch bald wiederzusehen.

Bruce Springsteen

⬤ **Geboren für den Rock 'n' Roll — Bericht auf Seite 5**

▲史普林斯汀刊登於《柏林日報》上的簽名照片，感謝東德人帶來這場偉大的演唱會：「感謝東柏林這個美妙的夜晚，我們會永遠記得的！布魯斯‧史普林斯汀。P. S. 希望很快能再見到你們！」

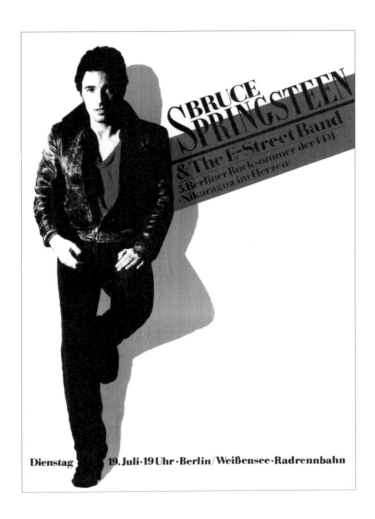

▲布魯斯‧史普林斯汀 1988 年演唱會原本的官方海報,由自由德
國青年團所設計。貼上「尼加拉瓜」標籤的抗議發生後,這張海
報並未廣為流傳。

# 致謝

　　我要感謝那些把「整本書只寫一個音樂會」這個瘋狂點子付諸實行的人們。感謝瓊·藍道提供音樂會背後的省思意義，以及戴夫·馬許的協助。我也要特別感謝戴夫·葛拉罕（Dave Graham）、丹尼爾·藍斯柏格（Daniel Remsperger）凱琳·斯坎德拉（Karin Scandella）、迪恩·葛蘭（Dean Grant）、英格麗·克許朋（Ingrid Kirschbaum）、史蒂芬·布朗（Stephen Brown）、艾克索·韓生（Axel Hansen）、克里斯汀·路特格（Christian Ruettger）、湯姆·華格納（Tom Wagner）、湯馬士·克魯門內克（Thomas Krumenacker）、史考特·瑞德（Scott Reid）以及史蒂文·克許朋（Steven Kirschbaum）等人，以極大的耐心閱讀我最初的手稿並提供建議，這都是極大的動力來源。

257

也要感謝切諾・喬巴堤、約亨・史塔德、彼德・史文科、傑拉德・波內斯基、伊芳・華格納、喬治・葛文斯基、康妮・鈞特、布吉・華特、赫伯・舒茲、羅蘭・克勞斯等人分享音樂會的回憶，以及對東德的深入知識。感謝克雷格・沃納、湯瑪士・威爾克、菲利普・墨菲、馬蒂亞斯・多夫納、米莉安・迪爾特（Miriam Dieter）以及尤其是丹納・葛蘭（Danae Grant）。我也要向路透社的歐拉芙・札普克（Olaf Zapke）與諾亞・巴金（Noah Barkin）表達謝意，讓我有充裕的時間可以完成本書。我也要向 Berlinica 出版社孜孜不倦的發行人伊娃・許魏澤（Eva Schweitzer）博士至上最高的謝意，她信任這個點子，並對我諄諄善誘。我也要感謝辛蒂・歐皮茲，她高超的編輯技巧，讓這份還算像樣的手稿，成為一本更優秀的書。

我也要感謝透過 Kickstarter 網站對這本書作出貢獻的人們，包括珍・翠斯克（Jane Driscoll）、布萊恩・波林（Brian J. Bohling）等，還有一位不知其名、長髮的柏林計程車司機，我特別感激他對史普林斯汀在 1988 年演唱會那種無邊的熱情，予我意想不到的諸多啟發。

艾瑞克・克許朋
2013 年五月，柏林

# 參考資料

## 參考書目、電視節目、檔案資料與媒體文章

Alterman, Eric. *It Ain't No Sin to Be Glad You're Alive: The Promise of Bruce Springsteen*, New York, Little, Brown, 1999.

Carlin, Peter. *Bruce*. New York: Simon & Schuster, 2012.

Gerth, Steffen. "Legendare Konzerte: Stars and Stripes uber Ost-Berlin," *Der Spiegel*, July 19, 2008.

Humphries, Patrick and Hunt, Chris. *Blinded by the Light.* New York: H. Holt, 1986.

Jobatey, Cherno. "Born in the DDR," *Die Zeit*, July 29, 1988.

Marsh, Dave. *Bruce Springsteen on Tour: 1968–2006.* New York: Bloomsbury, 2006.

Marsh, Dave. *Bruce Springsteen: Two Hearts: The Definitive*

*Biography 1972–2003*. New York: Routledge, 2003.

Marsh, Dave. *Glory Days: Bruce Springsteen in the 1980s*.New York: Pantheon Books, 1987.

Remnick, David. "We Are Alive. Bruce Springsteen at sixty-two," *The New Yorker*, July 30, 2012.

Sawyers, June Skinner and Scorsese, Martin. *Racing in the Street: The Bruce Springsteen Reader*. New York: Penguin Books, 2004.

"Bruce Springsteen: Das ganz private Interview" (German TV interview), SAT1 network, December 15, 1988.

East German television network DDR2.

West German television network ARD.

German Commission Preserving Records of the East German State Security (Stasi archives) at Karl Liebknecht-Strasse 31-33.

## 人物訪談

Beck, Matthias. May 30, 2012.

Beneke, Joerg. September 7, 2012.

Blume, Dietrich. September 13, 2012.

Claus, Roland. February 27, 2012.

Dopfner, Matthias. October 17, 2012.

Gunther, Conny. August 17, 2012.

Handke, Imke. May 30, 2012.

Heidemann, Reinhard. February 20, 2013.

Jobatey, Cherno. October 13, 2012.

Kerwinski, Georg. August 15, 2012.

Koch, Ria. February 20, 2012.

Kreise, Beate. May 30, 2012.

Landau, Jon. March 9, 2012. March 20, 2013, April 10, 2013

Michalsky, Oliver. September 7, 2012.

Murphy, Philip. August 30, 2012.

Ponesky, Gerald. August 20, 2012.

Roesler, Lutz. May 30, 2012.

Schwenkow, Peter. September 29, 2012.

Staadt, Jochen. September 25, 2012.

Werner, Craig. August 23, 2012.

Wilke, Thomas. February 21, 2013.

## 網路資料

**CBS Evening News feature on Springsteen in 1984.**

*http://www.youtube.com/watch?v=yN7G6SdINS0*

**MTV interview with Bruce Springsteen in 1984.**

*http://www.youtube.com/watch?v=5V6eW8l0RyM*

**West German TV report on violence at Brandenburg Gate over David Bowie concert in 1987.**

*http://www.youtube.com/watch?v=O_jsVWQG77o*

**Springsteen's 2012 tribute to the 1988 East Berlin concert with the song "When I leave Berlin".**

*http://brucespringsteen.net/news/2012/bruce-thanks-germany-withpremiere-of-when-i-leave-berlin*

**Another video if the 2012 tribute to the 1988 East Berlin concert with the song "When I leave Berlin".**

*http://vimeo.com/43189694*

**Bruce Springsteen's November 5, 2012 speech punting for Barack Obama from Madison, WI.**

*http://brucespringsteen.net/news/2012/bruces-speech-frommadison-wi*

# 圖片來源

約格・貝內克　提供：249 頁右上圖

丹尼・克林許（Danny Clinch）　提供：104 頁

芮亞・柯奇　提供：248 頁右上圖

伊卡・杜波斯（Ilka Dubois）　提供：248 頁左下圖

奧利維・米考斯基　提供：249 頁左上圖

辛蒂・歐皮茲　提供：248 頁左上圖

傑拉德・波內斯基　提供：29 頁、76 頁、105 頁、148 頁下圖、
　　　　　　　　　　　254 頁

康妮・鈞特　提供：121 頁、137 頁、149 頁、249 頁下圖

曼佛瑞・史密許克／東柏林警方　提供：164 ～ 166 頁

伊娃・許魏澤　提供：48 ～ 49 頁、72 頁

約亨・史塔德　提供：248 頁右下圖

赫伯・舒茲　攝影／提供：65 頁、148 頁上圖、180 ～ 181 頁、
　　　　　　　　　　　188 ～ 189 頁、202 ～ 203 頁、219 頁、
　　　　　　　　　　　230 ～ 231 頁

Revolution ⑤

# 撼動柏林圍牆：布魯斯‧史普林斯汀改變世界的演唱會

作　　者──艾瑞克‧克許朋（Erik Kirschbaum ）
譯　　者──楊久穎
主　　編──李筱婷
編　　輯──鍾岳明
美術設計──林彥谷
行銷企劃──劉凱瑛
董 事 長──趙政岷
總 經 理
總 編 輯──余宜芳
出 版 者──時報文化出版企業股份有限公司
　　　　　10803台北市和平西路三段二四〇號四樓
　　　　　發行專線─（〇二）二三〇六六八四二
　　　　　讀者服務專線─〇八〇〇二三一七〇五
　　　　　　　　　　　（〇二）二三〇四七一〇三
　　　　　讀者服務傳真─（〇二）二三〇四六八五八
　　　　　郵撥──一九三四四七二四時報文化出版公司
　　　　　信箱─ 臺北郵政七九～九九信箱
時報悅讀網──http://www.readingtimes.com.tw
法律顧問──理律法律事務所陳長文律師、李念祖律師
印　　刷──華展印刷有限公司
初版一刷──二〇一四年十月十七日
定　　價──新台幣三五〇元

國家圖書館出版品預行編目資料

撼動柏林圍牆：布魯斯.史普林斯汀改變世界的演
唱會 / 艾瑞克.克許朋(Erik Kirschbaum)著；楊
久穎譯. -- 初版. -- 臺北市：時報文化，2014.10
面；　公分.
　譯自：Rocking the wall：Bruce Springsteen：the
　Berlin concert that changed the world

ISBN 978-957-13-6094-2(平裝)

1. 布魯斯‧史普林斯汀 Springsteen, Bruce
2. 歌星　3. 傳記　4. 美國

785.28　　　　　　　　　　103019363

Rocking the Wall
Bruce Springsteen: The Berlin Concert That
Changed the World
By Erik Kirschbaum
Copyright©2013 by Berlinica Publishing LLC
Complex Chinese translation copyright©2014
by China Times Publishing Company
All rights reserved.

ISBN 978-957-13-6094-2
Printed in Taiwan

文化的力量
REV.
★
改變全世界